W0045853

Janni Kusmagk
Peer Kusmagk

mit Lisa Bitzer

Der Ruf deines Herzens

Wie du lernst, deinem Gefühl zu vertrauen
und dein Leben frei zu gestalten

Rowohlt Polaris

Originalausgabe
Veröffentlicht im Rowohlt Taschenbuch Verlag, Hamburg, April 2022
Copyright © 2022 by Rowohlt Verlag GmbH, Hamburg
Mitarbeit Lisa Bitzer
Covergestaltung HAUPTMANN & KOMPANIE Werbeagentur, Zürich
Coverabbildung cindyundkay.de; privat
Satz Karmina
Gesamtherstellung CPI books GmbH, Leck, Germany
ISBN 978-3-499-00690-6

Die Rowohlt Verlage haben sich zu einer nachhaltigen
Buchproduktion verpflichtet. Gemeinsam mit unseren
Partnern und Lieferanten setzen wir uns für eine
klimaneutrale Buchproduktion ein, die den Erwerb von
Klimazertifikaten zur Kompensation des CO_2-Ausstoßes
einschließt.
www.klimaneutralerverlag.de

FSC
www.fsc.org

MIX
Papier aus verantwor-
tungsvollen Quellen
FSC® C083411

Inhalt

Zwei Welten treffen aufeinander

«Und das», sagte ich voller Stolz und machte mit dem Arm eine ausladende Geste, «ist meine Heimat!»

Kreuzberg. Das gallische Dorf der Moderne. Ein Ort, an dem der Traum von Multikulti wirklich gelebt wird. Die größte türkische Gemeinde außerhalb der Türkei, Treffpunkt von Künstlern und Studenten. Das Viertel rund um das Kottbusser Tor gilt als Melting Pot der Kulturen. An jeder Ecke findet man Restaurants und Imbisse aus aller Welt. Auf dem Bergmannkiez reihen sich hippe Cafés und witzige Secondhandläden eng aneinander. Die Wände der Häuser sind mit Graffiti und Street-Art verziert. Und wenn es einem in den bunten alternativen Straßen doch einmal zu trubelig wird, ist man in kürzester Zeit am Landwehrkanal und findet in den Schatten der Bäume eine Oase der Ruhe.

Kreuzberg ist nicht schön, jedenfalls nicht im klassischen Sinn. Der Bezirk hat etwas Zerrissenes, Verletztes, Abgelebtes – aber genau das macht für mich seinen Reiz aus. Dass beispielsweise mein kleines französisches Restaurant in einer wenig einladenden Seitenstraße lag, empfand ich als Kreuzberger als vollkommen normal, ja geradezu charmant. Den Laden, aber natürlich auch den Ort, an dem ich aufgewachsen war, wollte ich Janni nach unserer Rückkehr aus Tahiti, wo wir uns wenige Wochen zuvor erst kennen- und lieben gelernt hatten, natürlich zeigen. Und zwar stilecht am 1. Mai.

Dieser Tag ist für Kreuzberg so etwas wie ein inoffizieller Nationalfeiertag. Während man in anderen Bezirken Berlins bei der Vorstellung die «Mein Haus, mein Auto, mein Boot»-Karte spielt, würde man als echter Kreuzberger vermutlich sagen: «Mein Lieblingsclub, mein Späti, meine erste Demo.»

Wir spazierten gerade an einem Pulk von Menschen vorbei, die den 1. Mai mit einer traditionellen Kampfdemo der Arbeiterbewegung feierten. Ein beachtliches Polizeiaufgebot hatte sich in einiger Entfernung versammelt und beobachtete das bunte Treiben. Für mich ein gewöhnlicher Anblick, vor allem da ich wusste, dass sich die Demo im Laufe des Tages noch in ein riesiges multikulturelles Fest auf dem ganzen Kiez verwandeln würde.

«Ist das nicht toll?», fragte ich Janni, die neben mir lief, und drehte mich zu ihr um.

Sie sah entsetzt aus. Und auch ein bisschen angeekelt. Gerade hatte sie bemerkt, dass sie in einen Kaugummi gelaufen war, der ihr nun unter der Schuhsohle klebte. «Ist auf jeden Fall anders als Fuerteventura», murmelte sie diplomatisch.

«Wir ziehen nachher noch durch die Clubs», versprach ich vollmundig. «Das wird dich umhauen!»

Sie lächelte unsicher und schwieg.

Das bemerkte ich jedoch nur am Rande. Ich war zu diesem Zeitpunkt schwer verliebt in diese Frau und wollte mit meinem Kiez angeben. Deshalb lief ich stolz wie ein Gockel durch die Straßen, grüßte an jeder Straßenecke bekannte Gesichter und stellte meine neue Perle aus der Südsee vor. Dabei fiel mir auf, dass Janni immer stiller wurde. Ich schob es jedoch auf die vielen neuen Eindrücke.

Wir liefen an der McDonalds-Filiale in der Skalitzer Straße vorbei, und ich blieb – ganz der Fremdenführer und stolze Kiezbewohner, als der ich mich fühlte – stehen und begann zu referieren.

«In Kreuzberg wählen wir traditionell die Grünen. Die Bezirksregierung hat immer Wert darauf gelegt, die Individualität des Viertels zu stärken und das kulturelle Erbe Kreuzbergs zu erhalten. Deswegen achten wir darauf, dass Freiflächen nicht einfach an solvente Investoren verkauft werden, die das Gesicht des Kiezes verändern. In Kreuzberg findest du keinen Starbucks und keinen H&M.» Ich nickte in Richtung des Fast-Food-Restaurants, vor dem sich ebenfalls einige Demonstranten versammelt hatten und lauthals skandierten. «Dass die hier eröffnen durften, ist wirklich eine Sauerei.»

Janni machte große Augen. «Ah ja?»

«Klar! Das ist ja der kapitalistische Albtraum und widerspricht allen Prinzipien eines freien, unabhängigen Lebens.» Spätestens jetzt hörte ich mich wie jemand an, der gleich mit einem Pappschild bewaffnet in den Klassenkampf zog.

Janni schwieg. Sie schwieg lange.

Und irgendwie hatte ich das Gefühl, dass unser Kiez-Spaziergang, bei dem ich meine neue Flamme mit meinem schönen Kreuzberg beeindrucken wollte, gerade gehörig in die Hose ging.

Ich wusste, aus welcher Welt Janni kam. Sie war auf einer der Kanarischen Inseln aufgewachsen, immer draußen, immer im Meer, verbunden mit der Natur und den Gezeiten. Und ich schleifte sie nicht nur nach Berlin, sondern gleich nach Kreuzberg. Konnte das gut gehen? Oder würde sie in wenigen Tagen vollkommen konsterniert ihren Koffer packen und mich auf Nimmerwiedersehen verlassen? Würde ich mit ihr gehen? Würde ich für diese umwerfende Frau Berlin, mein Berlin, verlassen? Das dreckige, laute, aufregende Berlin?

Für einen Moment sah ich meine Heimatstadt durch die Augen von Janni. Kreuzberg war zweifelsohne aufregend, aber alles andere als ein idyllischer Ort. Würde sie sich hier jemals wohlfühlen können? Und ich mit ihr?

Janni

In meiner gesamten Kindheit war ich barfuß. Auf Fuerteventura, wo ich aufwuchs, ist es fast das ganze Jahr über warm. Ich war es gewöhnt, ohne Schuhe auf heißem Sand, spitzen Steinen und verwitterten Holzplanken zu laufen. Als ich nach Berlin kam, um Peers Heimat kennenzulernen, besaß ich kein einziges Paar fester Schuhe. Nur ein paar Sandalen und Flipflops befanden sich in meinem Koffer. Nun, auf dem lauten, schmutzigen Bürgersteig irgendwo mitten im Kiez, war ich heilfroh, dass ich zumindest ein paar Zehentreter anhatte – selbst wenn unter der Sohle ein Kaugummi klebte, in den ich gerade reingelaufen war.

Immerhin keine Hundescheiße.

Mein Blick wanderte über den Asphalt. Überall lagen Zigarettenstummel, Scherben und Papierservietten aus dem Dönerladen hinter uns herum. Die Luft war erfüllt von Abgasen und einem Sprachwirrwarr, das ich unmöglich verstehen konnte.

Später, als ich auch die anderen Bezirke Berlins kennenlernte, wurde mir bewusst, dass das weltoffene Kreuzberg tatsächlich so etwas wie eine Fata Morgana in der Wüste ist. Und dass Freiheit hier wirklich der höchste Wert ist. Damals jedoch, als ich zum ersten Mal mit meinen Badelatschen durch die Straßen Kreuzbergs lief und Peer dabei zuhörte, wie er voller Stolz von seiner Heimat sprach, war ich geschockt.

Vor allem die vielen Polizisten, die die Mai-Demonstrationen überwachten, machten mich nervös. Auf Fuerteventura war ich nur selten der Staatsgewalt begegnet, weil auf der Insel der Grundsatz «Leben und leben lassen» gilt. Außerdem hatte ich die letzten Wochen auf einem wunderschönen Eiland in der Südsee verbracht – vollkommen abgeschnitten von allem Künstlichen, das der Mensch so erschaffen hat, noch dazu splitterfasernackt.

Und nun befand ich mich in einer Welt, die auf mich wie ein fauler Apfel wirkte. Alles war irgendwie ungesund. Die Straßen waren von Autos verstopft, deren Fahrer sich um die wenigen Parkplätze stritten. Die Menschen schauten wie Zombies entweder auf das Display ihrer Handys, während sie über die Bürgersteige eilten, oder stritten sich lautstark mitten auf der Straße. Und dann auch noch die Sache mit dem Fast-Food-Restaurant.

Auf Fuerteventura hatten wir im Glück geschwebt, als wir eines Tages erfuhren, dass aus einer stillgelegten Autowaschstraße ein Burger-Imbiss werden sollte. Für uns war das ein sicheres Zeichen, dass wir Anschluss an den Rest der Welt bekamen und dazugehörten. Gerade hatte Peer gesagt: «So ein Laden ist der kapitalistische Albtraum und widerspricht allen Prinzipien eines freien, unabhängigen Lebens.»

Ich dachte nach, doch ich kam einfach nicht drauf. Was hatte eine Fast-Food-Kette mit Freiheit und Unabhängigkeit zu tun? In einer Umgebung, in der so gut wie nichts frei und unabhängig, sondern reglementiert und festbetoniert war?

Es sollte einige Monate dauern, bis ich verstand, was Peer meinte. Seine Welt, sein Kreuzberg, ist wie ein Ast, der zwar zu einem Baum gehört, aber in eine andere Richtung wächst als die anderen Äste. Kreuzberg ist unangepasst und gibt sich keine Mühe zu gefallen. Deshalb ist es für jemanden, der mit Sand zwischen den Zehen und dem Atlantikwind im Haar aufgewachsen ist, erst einmal ein regelrechter Kulturschock. Wenn man sich aber, wie ich es tat, auf das Experiment einließ, entdeckte man die Schönheit des Kiezes. Peer und ich hatten uns vorgenommen, einander unsere Welten zu zeigen. Was gibt es Schöneres und Spannenderes, wenn man die Liebe seines Lebens trifft?

Also lernte ich Peers Kreuzberg kennen. Eine Welt, in der die Leute miteinander auf der Straße redeten, obwohl sie sich nicht kannten. Eine Welt der Offenheit und Freundlichkeit, in der man dem Leben mit Humor begegnete. Ich lernte diese Welt lieben, auch wenn sie alles andere als perfekt war – beinahe wie der Oldtimer, den mir Peer an meinem ersten Geburtstag in Berlin schenkte: ein rostiger R4, der mit riesiger, umgebundener Schleife einfach im Garten stand.

Im Sommer, einige Monate nach unserem Kennenlernen, war ich mit einer Gruppe anderer Surfer für ein Fotoshooting auf den Malediven, Peer blieb in Berlin. Das war ein ziemlicher Test für unsere junge Beziehung. Während er die meisten Nächte, in denen er nicht arbeitete, in Bars verbrachte und mir Fotos von seinen Cocktails schickte, befand ich mich zur selben Zeit irgendwo im Indischen Ozean, umgeben von Delfinen, Palmen und Kokosnüssen. Ich hatte viel Zeit, um darüber nachzudenken, ob das alles wirklich zusammenpasste – auch aufgrund der Unterschiede zwischen uns. Ich stellte fest, dass es mir guttat, mal nicht von so vielen Menschen umgeben zu sein, nicht in der Stadt zu sein, wo der Lärm niemals nachließ. Trotzdem fehlte mir der Trubel. Ja, mir fehlte Kreuzberg! Ich begriff, dass es nicht nur die *eine* Welt gibt, aus der wir kommen und in der wir uns wohlfühlen, sondern dass sie aus unzähligen unterschiedlichen Orten besteht, die alle ihren Reiz haben. Genau das macht doch ihre Schönheit aus: dass sie bunt und herausfordernd ist, ständig im Wandel und niemals dieselbe. Auf dieser Welt leben so viele unterschiedliche Menschen, die in ihrer Essenz jedoch alle gleich sind.

Und wenn zwei dieser Menschen aus Winkeln des Planeten kommen, die auf den ersten Blick nicht zueinanderpassen, so ist es die Liebe dieser beiden Menschen, die die Welten miteinander vereint.

Bedürfnisse

Wenn wir unsere Bedürfnisse nicht ernst nehmen,
tun es andere auch nicht.

MARSHALL B. ROSENBERG

Jeder Mensch hat individuelle Bedürfnisse, die man sich wie Gläser vorstellen kann. Manche Gläser sind Grundbedürfnisse und bei allen Menschen gleich, andere sind wiederum sehr unterschiedlich. Die Bedürfnis-Gläser sind mal mehr und mal weniger gut gefüllt. Je mehr Gläser leer sind, desto unzufriedener geht man durchs Leben. Für eine Grundausgeglichenheit sollten die Bedürfnisse Schlaf, Durst und Hunger gestillt sein, aber auch deine wichtigsten individuellen Bedürfnisse dürfen nicht zu kurz kommen. Dafür musst du sie jedoch kennen und benennen.

ÜBUNG

Ordne folgende Bedürfnisse nach deiner persönlichen Wichtigkeit, um deine Wünsche zu verstehen und zukünftig besser dafür zu sorgen, dass deine Bedürfnis-Gläser ausreichend gefüllt sind:

Erholung

Struktur Harmonie

Autonomie

Entwicklung

Anerkennung

Unterstützung Effektivität Freude Sicherheit

Vertrauen

Kreativität Harmonie

Auf der Seite des Lebens

Janni

«Du darfst ruhig weinen, Janni», sagte mein Vater unter Tränen am Grab meines Bruders.

Er war meine andere Hälfte gewesen. Mein kleiner Bruder mit dem blonden Engelshaar. Unter dem Tisch hatten wir aus Decken eine Höhle gebaut; als er wieder hochkam, stieß er sich den Kopf. An diesem Tag fing alles an. Es war der letzte Tag, an dem es Dennis gut ging. Denn die Kante des Tischs traf seinen bis dato unerkannten Hirntumor. Nur durch das Anstoßen wurden wir darauf aufmerksam, dass mit Dennis etwas nicht stimmte.

Und jetzt war er nicht mehr da.

Am Tag seiner Beerdigung war ich sieben Jahre alt. Ich stand an seinem Grab, in der Hand hielt ich eine Sonnenblume. Ich vergoss keine einzige Träne, auch wenn ich es versuchte, weil ich dachte, es gehört sich so. Immerhin war ich die Einzige, die nicht weinte.

Ich weiß nicht, ob es daran lag, dass sich der Prozess seines Sterbens hingezogen und ich somit Zeit gehabt hatte, Dennis' Tod zu verarbeiten. Oder ob ich es einfach akzeptiert hatte, weil Kinder mit dem Tod anders umgehen. Ich weiß nicht, ob ich meine Trauer anders ausdrückte oder ob ich unter Schock stand. Doch ich fühlte mich in dem Moment nicht als Teil dessen, was gerade passierte, sondern wie eine Beobachterin der Situation. So als gehörte ich nicht dazu.

«Es ist, wie es ist», sagte ich nach einigen Wochen zu meiner Mutter, als sie mich fragte, wie es mir nach Dennis' Tod gehe.

Später verriet sie mir, dass ihr dieser Satz sehr geholfen habe. So kurz, simpel und unbeeindruckt, wie er war. Trotzdem drückte er alles aus: eine Tatsache, die man nicht ändern kann. Alles andere sind wir, unsere Gefühle, unser Schmerz. Trümmer in unseren Händen.

Ich habe manchmal das Gefühl, dass Kinder besser mit dem Tod umgehen können als Erwachsene, weil sie nicht festhalten, sondern beobachten. Die Leere wahrnehmen, die eine geliebte Person hinterlassen hat. Und lernen, mit dieser Leere zu leben. Sie nicht zu verdrängen, sondern stehen zu lassen.

Es ist, wie es ist.

Fast schlimmer als der Tod meines Bruders waren die Folgen, die daraus entstanden. Es fiel mir schwer, den Schmerz meiner Familie zu sehen, die Trauer zu ertragen, die Krankheiten zu verstehen, die aus dem Ereignis resultierten. Dies alles hatte nichts mehr mit Dennis zu tun, sondern mit der Leere, die er hinterließ, und unserem Umgang damit.

Ein paar Wochen nach Dennis' Beerdigung fuhren wir mit dem Boot raus aufs Meer vor Fuerteventura, um uns noch einmal von ihm zu verabschieden. Wir kippten einen Teil seiner Asche aus der kleinen Holzbox, die meine Schwester bemalt hatte, ins Meer. Es war ein schlimmer Tag, der von dem schweren Gefühl der Trauer bestimmt wurde. Meine Familie hielt sich im Arm, genau wie an seinem Grab, alle hatten rote, müde Augen vom Weinen.

Doch so erdrückend der Moment auch war, so befreiend nahm ich die Anwesenheit des Wassers wahr. Es war so blau, so magisch, so geheimnisvoll. Dieser Augenblick, als wir auf dem Meer meinen Bruder ein letztes Mal verabschiedeten, hinterließ einen gewaltigen Eindruck in meinem Gedächtnis. Wenn ich später aufs tiefblaue Meer sah, musste ich oft an diesen Tag und an Dennis denken, egal an welchem Ort auf der Welt ich mich aufhielt. Auch in Indonesien, als ich eines Morgens verkatert aufwachte, während alle noch schliefen, und allein aufs Meer hinauspaddelte. Irgendwo im Nirgendwo. Urplötzlich fühlte ich mich mit meinem Bruder und seiner Energie verbunden. Als ich später am Abend auf den Kalender schaute, wusste ich, warum. Es war der 13. April. Sein Geburtstag.

In meinem Leben bin ich dem Tod nicht nur einmal begegnet. Denn da, wo das Leben ist, ist immer auch der Tod. Beides ist Energie. Verbunden mit allem, sind unsere Körper ein Ausdruck des Universums, dessen Teil wir sind. Unsere Essenz und unser Dasein sind und bleiben Energie.

Viele Jahre nach Dennis' Tod ging ein anderer, mit dem ich mich sehr verbunden fühlte, ebenfalls vor seiner Zeit. David wurde auf den Kanaren «El Fula» genannt und war eines meiner größten Surfidole. Ich erinnere mich daran, dass ich am Abend des 1. Januar von seinem Tod erfuhr. Ich war damals achtzehn. «Wir werden dich schrecklich vermissen, ruhe in Frieden!», schrieb einer meiner Freunde und veröffentlichte in den sozialen Medien ein Foto von ihm auf einer großen Welle. David trug auf dem Foto die für ihn typischen Shorts, war braun gebrannt und hatte lange Haare.

Sein Tod wurde in der Surfszene mit allen möglichen Feiern und Versammlungen auf dem Wasser und an Land zelebriert, ein Surfwettkampf wurde nach ihm benannt und ein Festival organisiert, zu dem die weltbesten Surfer von allen Kontinenten anreisten.

David wurde mit Anfang dreißig aus dem Leben gerissen. Er stürzte beim Surfen, stieß mit dem Kopf gegen das Riff und ertrank. Ein paar Tage vorher hatten wir noch telefoniert, und er hatte mir erzählt, dass er vorhabe, an diesem bestimmten Ort zu surfen, der später sein Verhängnis wurde. Die Vorhersage sei gut.

Sein Tod schlug hohe Wellen, denn er war ein Idol für viele Menschen gewesen. Sein Lebensmotto war: «Pura Vida!» Pures Leben. Er hatte mir einst den Spitznamen «Sirena», die Meerjungfrau, gegeben. Nach seinem Tod ließ ich mir «Pura Vida» und eine Nixe auf meine Schulter tätowieren.

Jahre später wurde ich von einer Modemarke für ein Unterwasser-Shooting gebucht und bekam eine Meerjungfrauen-Flosse. Von diesem Moment an war die Flosse bei jeder meiner Reisen dabei. Durch sie fand ich den Zugang zur Tiefe des Meeres – jenes Meer, das mich in seiner Unergründlichkeit immer auch an meinen Bruder erinnerte. Jenes Meer, auf dem ich endgültig Abschied von ihm genommen hatte. Jenes Meer, das David das Leben kostete. Vielleicht ist das Meer ein Zugang zum Tod, zur Energie, die auf der Erde zirkuliert und uns auch dann weiter begleitet, wenn geliebte Menschen und irgendwann auch wir selbst für immer gehen.

Als meine Großeltern starben, lernte ich den Tod von einer anderen Seite kennen. Sie verließen diese Welt friedlich. So, wie wenn man in einem Restaurant eine Rechnung begleicht, nachdem man festlich und ausgiebig gespeist hat. Hat man es genossen, geht man in Frieden. Hat es einem nicht geschmeckt, wird es teurer als erwartet. Und sind Posten auf der Rechnung unklar, hat man Schwierigkeiten zu gehen.

Für mich war es eine unglaublich inspirierende Erfahrung zu

sehen, wie sich noch einmal alles verändert, wenn man im Sterben liegt. Gibt es noch unerfüllte Wünsche oder Träume? Offene Konflikte mit Menschen oder Frieden mit allem? Leichtigkeit oder Schwere? Welche Energie und Erinnerungen bleiben bei den Menschen, mit denen man gelebt hat? Es ist der Moment der Wahrheit, in dem manche denken, dass die Welt ein schlimmer Ort ist, vor dem sie andere bewahren möchten; oder sie haben die pure Schönheit des Lebens erkannt und gehen dankbar.

Ich habe den Tod in unterschiedlichen Formen gesehen, und ich bin ihm in vielen Momenten begegnet. Wenn jemand früh stirbt, in der Mitte seines Lebens und am Ende. Denn der Tod ist genauso vielfältig wie das Leben selbst.

Ich habe die Erfahrung gemacht, dass diejenigen, die offen und ausgiebig leben, weniger Angst vor dem Tod haben. Sie lernen, mit ihm zu leben.

Es ist, wie es ist.

Wem es gelingt, dem Schicksal ein Stück weit zu vertrauen und daran zu glauben, dass alles kommen wird, wie es soll, der wird es auch schaffen, im Hier und Jetzt entspannter zu werden und sich auf die Seite zu besinnen, auf der wir uns gerade befinden: auf der des Lebens.

Akzeptanz
Das Geschehene zu akzeptieren, ist der erste Schritt zur Überwindung eines Unglücks.

WILLIAM JAMES

Es gibt Dinge im Leben, die kannst du nicht ändern. Dass es an deinem Hochzeitstag regnet. Dass dir der Bus vor der Nase wegfährt. Dass du in einen Hundehaufen trittst. Oder selbst:

dass jemand stirbt, den du liebst. Diese Dinge passieren, selbst wenn du es nicht wahrhaben willst. Und sie lösen Gefühle in dir aus. Diese Gefühle, etwa Trauer, Wut, Verzweiflung oder Angst, zu akzeptieren, ist ein wichtiger Weg in der Bewusstwerdung. Akzeptanz bedeutet, das anzunehmen, was ist. Das können alltägliche Kleinigkeiten oder elementare Schicksalsschläge sein. Hör auf, nach dem Warum zu fragen – du wirst keine Antwort bekommen. Entscheide dich vielmehr dafür, all das zu empfinden, was du eben empfindest. Gib auch den negativen Gefühlen Raum und erlebe sie bewusst. So kannst du mit jeder Wendung deines Lebens umgehen.

ÜBUNG
Jeden Tag erlebst du Situationen, die du nicht ändern kannst. Normalerweise würdest du dich über diese Situationen vielleicht ärgern. Übe in den kommenden Tagen bei mindestens drei solcher Situationen, dein «normales» Reaktionsmuster zu durchbrechen, und sage dir stattdessen: «Das ist jetzt so. Ich kann es nicht ändern.»
Spüre in diesen Momenten in dich hinein. Wie fühlt sich die Akzeptanz an? Hinterlässt sie ein besseres Gefühl in dir als die Wut, die Trauer oder die Enttäuschung?

Die zweite Pubertät

Die Pubertät ist eine Phase, auf die sich kaum ein Elternteil wirklich freut. Man weiß schließlich (auch aus eigener Erfahrung), dass es schwierig wird, wenn die Kinder zum ersten Mal die Werte des Elternhauses infrage stellen. Nicht immer tun sie dies, um zu rebellieren. Sie bereiten sich vielmehr auf ein Leben nach ihrem eigenen Modell und ihren eigenen Ansichten vor. Sie hinterfragen, was als gesetzt gilt, und das führt naturgemäß in Familien oft zu Reibung. Die gute Nachricht lautet: Auch die Pubertät ist eines Tages vorbei. Von dem süßen kleinen Sohnemann oder der entzückenden kleinen Tochter ist dann vielleicht nicht mehr viel übrig, dafür ist ein gestärkter, selbstbewusster Erwachsener daraus hervorgegangen, der in dieser Welt seinen Platz finden wird.

Ich hatte das große Glück, dass ich als Sommergeburtstagskind ein Jahr früher als die meisten anderen eingeschult wurde. Mit 17 hatte ich mein Abitur in der Tasche, und beinahe zeitgleich sah ich mich mit der Frage konfrontiert, was für einen ordentlichen Beruf ich denn ergreifen wolle. Allerdings steckte ich in dem Alter noch mitten in der Pubertät und hatte keine Ahnung, was ich einmal werden wollte. Zudem war ich gerade gegen ziemlich vieles, beispielsweise auch gegen Werte, die mir in der Kindheit vermittelt worden waren. Wie etwa: Ohne Fleiß kein Preis.

Schon zu Schulzeiten war ich nicht der motivierteste Schüler. Ich hielt es eher wie der Saisonarbeiter im Zirkus oder in der Gastronomie: Eine Zeit lang investierte ich relativ viel, danach genoss ich lange Ruhephasen. Das hatte sich derart für mich bewährt, dass ich beschloss, mir erst einmal die Welt anzuschauen und dann zu überlegen, womit ich eines Tages mein Geld verdienen wollte. Meine Eltern deklarierten wie alle anderen Eltern auch ihre Lebenserfahrung als Maß aller Dinge. Sie versuchten, diese auf ihre Kinder zu übertragen – im besten Wissen und Gewissen natürlich, denn was für sie funktioniert hatte, konnte ja nicht schlecht sein. Leider vergaßen sie dabei, dass Kinder von Natur aus neugierig sind und ihre eigenen Erfahrungen machen wollen.

Meine Eltern waren vor Jahren aus Kreuzberg an den Stadtrand gezogen, um uns ein Leben in der Natur zu ermöglichen. Trotzdem hatte ich den Drang nach urbanem Leben, nach dreckigen Innenstädten und den Geheimnissen der Subkultur. Statt aufs Land führte mich meine Reise erst direkt in die Berliner Innenstadt, später nach Marseille und nach Los Angeles.

Ich absolvierte eine Schauspielausbildung und fand mich Jahre später und über Umwege in Berlin wieder, am Set der RTL-Serie «Gute Zeiten, schlechte Zeiten». Der Job machte wahnsinnig viel Spaß, auch wenn er mit dem, was ich auf der Schauspielschule gelernt hatte, so ziemlich nichts zu tun hatte – und das war gut für mich. Wenn man Schüler auf einer renommierten Schule ist und die meiste Zeit des Tages Klassiker auf der Bühne rezitiert, geht man als Grünschnabel davon aus, dass man sein Leben lang nur noch Figuren aus Shakespeare, Ibsen oder Goethe spielen wird. Mich frustrierte das eher, weil ich mit «Effi Briest», «Romeo und Julia» oder «Warten auf Godot» nur bedingt etwas anfangen konnte.

Umso wohler fühlte ich mich in der Serienwelt. Ich hatte einen festen Vertrag, der meine Eltern glauben ließ, dass ich bis zur Rente nun bei GZSZ mitspielen würde. Dabei beängstigte mich der Gedanke zutiefst, irgendetwas von jenem Zeitpunkt bis zur Rente machen zu müssen. Die Generation meiner Eltern hingegen setzt vor allem auf Sicherheit, die sie aus meiner Sicht hingegen ziemlich einschränkt. Ich erinnere mich noch genau daran, wie entsetzt mein Vater war, als ich ihm irgendwann erzählte, dass ich bei GZSZ aussteigen würde.

«Das ist doch aber ein super Job!», meinte er.

Und ich entgegnete: «Stimmt, aber ich will mal etwas anderes machen.»

«Und was?»

«Das weiß ich noch nicht», antwortete ich ruhig.

«Schuster, bleib bei deinen Leisten!» Mein Vater war wirklich erschüttert.

Ich dachte lange über seine Redewendung nach. In ihr versteckt sich ein Glaubenssatz – ich hörte nicht nur «Geh kein Risiko ein!», sondern auch: «Hinterfrage dich nicht. Probiere nichts Neues aus.»

Obwohl ich bereits Ende zwanzig war, hatte ich das Gefühl, noch einmal in die Pubertät geschlittert zu sein und mich ein zweites Mal mit den Lebensvorstellungen meiner Eltern auseinandersetzen zu müssen. Hatte ich solche Glaubenssätze nicht längst hinter mir gelassen? Warum beschäftigte ich mich überhaupt mit der Aussage meines Vaters? Wieso konnte ich nicht einfach sagen: Danke für deine Meinung, aber ich teile sie nicht?

Mir dämmerte, dass diese normativen Aussagen sehr starke Instrumente sind, deren Wirkung nicht einfach so nachlässt, weil man etwas gründlich durchdacht hat. Sie sind vielmehr wie ein Navigationssystem im Gehirn, das kein Update bekommt und dich deshalb immer wieder denselben Weg nehmen lässt, selbst wenn es längst Abkürzungen oder Umgehungsstraßen gibt. Immer dann, wenn ich im Leben mit einer bestimmten Situation konfrontiert werde, spult mein Hirn die alten Muster ab, ohne sie zu hinterfragen.

Ich entschied mich dafür, den Glaubenssatz meines Vaters nicht zu übernehmen und in den kommenden Jahren alles mögliche Neue auszuprobieren – vielleicht auch als Ausdruck einer nachträglichen Trotzphase, als wollte ich mir und aller Welt beweisen: «Der Schuster darf auch andere Leisten ausprobieren!» Ich wurde Moderator, Gastronom und Lebenskünstler, reiste um die Welt und machte jede Menge Erfahrungen, die mir vorenthalten geblieben wären, hätte ich «bis zur Rente» in der Serie weitergespielt. Dabei enttäuschte ich in gewisser Hinsicht auch meine Eltern, denn ich missachtete ihre tiefe Überzeugung, dass man besser keine großen Risiken eingeht, sondern sich selbst und seinem einmal gewählten Beruf treu bleibt. Damit ignorierte ich auch ihren Rat und ihre Lebensweisheit.

Ich bin heute, viele Jahre später, selbst Vater von drei wunderbaren Kindern, der tiefen Überzeugung, dass ein glückliches und erfülltes Leben nur dann möglich ist, wenn ich mich immer wieder selbst hinterfrage. Das Leben verändert sich, die Welt verändert sich, ob wir es wollen oder nicht, und damit verändern sich auch die Umstände, mit denen wir uns irgendwie arrangieren. Wir müssen uns anpassen, uns neu justieren, innehalten und reflektieren, ob der Weg, den wir gewählt haben, noch der richtige ist. Ob wir mit der richtigen Geschwindigkeit im richtigen Untersatz unterwegs sind. Ob wir das Ziel neu anvisieren müssen – oder den Treibstoff nachfüllen. Natürlich ist es legitim, in einem kleinen Auto bis ans Ende seines Lebens einer schnurgeraden Straße zu folgen. Keine Abzweigungen zu nehmen. In keiner interessanten Landschaft anzuhalten. Keine Pause zu machen. Sich nicht zu fragen, wo man eigentlich herkommt, wo man hinwill und ob es verdammt noch mal nur diesen einen Sender im Radio gibt. Alles vollkommen in Ordnung. Aber macht es auch glücklich?

In der Pubertät rebelliert man gegen seine Eltern, die jeder vermeintlich neuen Idee ziemlich viele logische, weil durch eigene Erfahrung verifizierte Argumente entgegensetzen. Das führt dazu, dass man sich nach einer kurzen Zeit der Revolte oft wieder in das bestehende System einfügt und sich eines Tages auf dem vorgegebenen Weg wiederfindet. Ist ja auch einfacher, wenn man den festgetrampelten Pfaden nur folgt, anstatt sich ständig durchs Unbekannte zu schlagen. Ich stelle mir das wie einen eingeschneiten Weihnachtsmarkt aus der Vogelperspektive vor. Die eigenen Eltern sind schon hundertmal die Wege entlanggegangen, erst zum Glühweinstand, dann zum Büdchen mit den gebrannten Mandeln, dann zu den Schnitzereien aus dem Erzgebirge, und du bist immer mitgegangen, immer wieder denselben Weg. Wirst du je erfahren, was es bei den anderen Ständen zu kaufen gibt? Nein. Aus den ersten Fußstapfen wird erst ein Pfad, dann ein Weg und irgendwann eine Straße, über die niemand mehr nachdenkt. Man macht die Dinge eben so, wie man sie macht, wie alle sie machen. Beispielsweise: einen Beruf wählen und ihn behalten (egal, ob er Freude bereitet oder nicht). Einen Partner finden, heiraten und für immer zusammenbleiben (egal, ob die Ehe erfüllt ist oder nicht). Zum Schnitzel Pommes essen und keine Pfannkuchen.

Je häufiger man auf diesen ausgetretenen Pfaden wandert, ohne sie zu hinterfragen, desto schwerer fällt es aber, an irgendeinem Punkt des Lebens etwas zu verändern. Auf eine neue Art zu reagieren, eine unkonventionelle Entscheidung zu treffen, flexible und kreative Lösungen zu finden. Für ein freies und erfülltes Leben sind das jedoch Grundvoraussetzungen.

Janni und ich kommen aus unterschiedlichen Welten, wurden ganz anders sozialisiert und haben sehr verschiedene Glaubenssätze. Für uns ist es elementar, dass wir die Anschauungen, die wir von unserem Elternhaus mitbekommen haben, immer wieder infrage stellen – ansonsten hätte unsere Beziehung vermutlich nach fünf Minuten ihr Ende gefunden. Weil wir uns häufig für uns und nicht für die anderen entscheiden, ecken wir an. Wir enttäuschen unsere Eltern, wenn wir sie direkt nach der schweren Geburt von Emil-Ocean nicht ins Krankenhaus kommen lassen. Wir irritieren, wenn wir uns entscheiden, aus dem schönen, großen Haus in eine kleine Wohnung mit Familienbett zu ziehen. Und natürlich geraten wir in Konflikte, wenn wir das Leben führen, das zu uns passt, statt uns mit dem zu arrangieren, was die anderen von uns erwarten. Nichts im Leben ist kostenlos, und diesen Preis für Freiheit und Erfüllung sind wir gern bereit zu zahlen – auch wenn es nicht immer einfach ist.

Glaubenssätze
Du wirst morgen sein, was du heute denkst.

PEER KUSMACK

Glaubenssätze sind so tief in unserem Unterbewusstsein verankert, dass sie immer die stärksten Argumente in unserem Leben sind. Für ein freies und unabhängiges Leben ist es wichtig, sich dieser Überzeugungen, die wir zum Teil einfach nur übernommen haben, weil wir sie so häufig hörten, bewusst zu werden und sie immer wieder zu prüfen.

Kennst du den Spruch: «Ohne Fleiß kein Preis»? Es handelt sich um einen klassischen Glaubenssatz, den viele von uns bereits im Kindesalter inhaliert und verinnerlicht haben. Er sagt aus, dass man hart arbeiten soll – aber auch, dass das Leben nicht leicht sein darf, sondern immer mit Anstrengung verbunden sein muss. Wenn man jedoch dem Ruf seines Herzens folgt, seine Berufung findet und seine Leidenschaften auslebt, gerät man in einen Flow, der unendliche Freude bereitet und sich alles andere als schwer oder hart anfühlt.

ÜBUNG

Denke über deine tiefsten, innersten Überzeugungen nach. Welche Glaubenssätze hast du von deinen Eltern übernommen? Passen sie zu dir und deinem Leben? Oder hindern sie dich daran, deine Entscheidungen frei und selbstbestimmt zu treffen?

Schritt 1: Finde deine negativen **Glaubenssätze** und schreib sie auf.

Schritt 2: Lies dir deine **Glaubenssätze** selbst laut vor und lass die Gefühle zu, die dabei entstehen.

Schritt 3: Hinterfrage deine **Glaubenssätze**, ob sie wirklich wahr sind.

Schritt 4: Formuliere und kehre den jeweiligen Glaubenssatz für dich passend um:

- Wer schön sein will, muss leiden → Wer schön sein will, muss sich wohlfühlen
- Ohne Fleiß kein Preis → Ohne Fleiß jeder Preis
- Schuster, bleib bei deinen Leisten → Schuster, such dir neue Leisten
- Wenn es einfach wäre, könnte es jeder machen → Wenn es schwer wäre, könnte es niemand machen
- und so weiter

Im Hier und Jetzt

Janni

Ich erinnere mich daran, als wäre es gestern gewesen: an das Gefühl, wie meine Finger über die Glieder der Metallkette gleiten. Die kleinen, ovalen Ringe haben unterschiedliche Farben. Erst berühre ich nur einen Kettenstrang, dann nehme ich mehrere gleichzeitig in die Hand, lasse sie wieder los und beobachte, wie sie hin und her baumeln. Das klimpernde Geräusch, das zu hören ist, wenn sie sich berühren, fasziniert mich. Kommt ein neuer Kunde über die Steinstufe in den winzigen Laden, gerät die Kette in Bewegung. Die Stränge bewegen sich erst schnell, dann langsamer, bis sie wieder still hängen.

In dem kleinen Geschäft auf Fuerteventura ist es immer laut. Die Leute aus dem Dorf kommen am Morgen hierher, um den frischesten Fisch zu ergattern, den die Fischer mit ihren kleinen Bötchen im Morgengrauen weit draußen gefangen haben. Es gibt alle möglichen Meerestiere: Muräne, Tintenfische, Regenbogenfische, sogar Hummer, die noch leben, die tun mir schrecklich leid.

Meine Mutter sticht als blonde Frau zwischen den Spaniern besonders hervor. Sie hat mittlerweile alles eingekauft, was sie besorgen wollte. Ich höre im Hintergrund ihre Stimme, die nach mir ruft. Doch nichts kann mich in diesem Moment vom Anblick der

Metallkette losreißen. Mein Fokus liegt darauf. Sie ist in dem Moment alles für mich und bekommt all meine Aufmerksamkeit.

Die Kette wird zur Seite geschoben. Meine Mutter ist wieder in den Laden gekommen und ergreift meine Hand, die eben noch die zarten Metallglieder berührte. «Komm, wir müssen los.»

Durch den Vorhang folge ich meiner Mutter nach draußen. Während sie die Einkäufe in den Wagen räumt, bleibt mein Blick an einer Pfütze auf dem Parkplatz hängen. Ein Vogel sitzt am Rand der Lache und pickt mit dem Schnabel auf die Wasseroberfläche, auf der sich Kreise ausbreiten, die immer größer werden, bis sie den oberen Rand der Pfütze berühren und sich auflösen.

Viele Jahre später, als ich mich zum ersten Mal bewusst mit dem Thema Achtsamkeit auseinandersetze, denke ich an genau diese Szene aus meiner Kindheit. Mir fällt auf, wie leicht es mir als Mädchen fiel, meine Aufmerksamkeit in eine bestimmte Richtung zu lenken und ausschließlich im Hier und Jetzt zu sein.

In der Zwischenzeit habe ich das Wasser viele tausend Stunden lang beobachtet, vor allem draußen auf dem Meer. Wellen haben ihre eigene Physik. Sie wirken geordnet, als unterlägen sie einer Logik, manchmal sieht es sogar so aus, als würden sie ruhiger, je länger sie unterwegs sind. Aber das Gegenteil ist der Fall. Sie gewinnen an Kraft, je länger ihre Reise dauert. Der Abstand zwischen den Wellen wird größer, gibt jeder einzelnen Welle mehr Zeit. Das nennt sich Swell, Dünung. Die Reise einer Welle endet erst, wenn sie die Küste erreicht und an Land bricht – zumindest vordergründig. Denn auch, wenn eine Welle nicht mehr zu sehen ist, wird ihre Energie doch stets vom Wasser weitergetragen.

Ich stehe am Strand und schaue auf den Atlantik hinaus, beobachte die Dünung. Mein halbes Leben dreht sich um Wellen, die andere Hälfte ums Surfen. Ich habe ununterbrochen das Meer im

Sinn. Jeder Tag ist anders, die Bedingungen sind niemals gleich. Das hat mit dem Mond zu tun, der die Gezeiten bestimmt, dem Wetter und dem Wind. Manchmal bläst er die Wellen auf die Küste raus, aber es kann auch vorkommen, dass er sie sanft zurück auf die offene See drückt.

Das sind die äußeren Bedingungen. Den Rest bestimmst du.

Wie fühlst du dich? Wo kommst du her? Wo liegt dein Ursprung, wo dein Ziel? Worauf wirst du deine Aufmerksamkeit richten?

Egal wie erfahren man als Surfer ist: Es gibt keine Garantien. Vielleicht stellst du dich aufs Brett und wirst den besten Ritt deines Lebens haben. Vielleicht wirst du aber auch von der ersten Welle vom Board gefegt und unter Wasser gedrückt. Vielleicht wirst du mit einem breiten Grinsen im Gesicht an Land gespült. Vielleicht wirst du stürzen und dich verletzen. Vielleicht kommst du aber auch gar nicht erst raus aufs Meer, weil die Wellen dich nicht lassen und dein Brett immer wieder zurück an den Strand gedrückt wird.

All das kannst du nicht beeinflussen. Aber selbst die besten Bedingungen werden dir nicht nützen, wenn du den Fokus nicht auf dein Ziel legst.

Während eines Surftrips auf den Malediven lernte ich einmal einen älteren australischen Surfer kennen. Er war unglaublich erfahren. Wenn er sprach, hingen alle an seinen Lippen und wollten von ihm lernen. Standen sie richtig auf den Boards? Wie konnten sie sich verbessern?

Der Australier verriet uns seinen wichtigsten Tipp. Er war so einleuchtend wie einfach.

«Richte deinen Blick an den Punkt, den du erreichen willst, und du wirst dort hinkommen. Dein Kopf dreht sich in die Richtung, deine Schultern öffnen sich. Alles in dir wird sich danach richten.»

Je mehr ich surfte, reiste und lebte, desto mehr begriff ich, welche unglaublich wichtige Lehre ich von diesem Mann erhalten hatte. Nicht nur auf dem Meer, sondern auch an Land – wer den richtigen Fokus hat, kann die Welle immer perfekt reiten. Lasse ich mich ablenken vom lauten Rauschen, meinen Ängsten oder anderen, verliere ich die Aufmerksamkeit und die Konzentration – und den Fokus.

Heute weiß ich: Egal worauf ich den Fokus im Leben lege und in welche Richtung mein Blick auch geht, mein Körper, ja die Realität wird folgen. So erfülle ich mir meine Träume. Manchmal geht das Glück Umwege, die wir nicht direkt verstehen. Manchmal bedeuten zwei Schritte zurück, auf dem richtigen Weg zu bleiben. Doch solange wir den Fokus behalten und uns auf die Dinge, Eigenschaften und Träume konzentrieren, die uns wichtig sind, werden sie in unser Leben treten.

Es liegt also nicht nur an der Dünung, am Untergrund oder am Wind, ob du an der blauen Wand entlanggleitest oder im Weißwasser der Welle untergehst und auf den Steinen landest. Es ist vor allem dein Fokus, der über die Erfüllung deiner Wünsche entscheidet.

«Janni! Steigst du jetzt endlich mal ins Auto ein? Wo bist du nur mit deinen Gedanken heute?»

Die Worte meiner Mutter erklingen in meinem inneren Ohr, während ich ungeduldig auf Emil-Ocean warte. Yoko quengelt, sie hat Durst, Peer packt schon die Strandsachen zusammen. Aber unser Sohn ist ganz in den Anblick einer Muschel vertieft, die von der einen Welle auf den Strand gespült und der nächsten wieder ein Stück mit aufs Meer hinausgezogen wird. Vor und zurück. Immer wieder.

Seitdem ich Achtsamkeit und Fokus bewusst trainiere, reiße

ich meine Kinder nicht mehr aus der Konzentration, wenn sie sich mit einem Blatt, einer Kugelschreiberfeder oder einer Schachtel Q-Tips beschäftigen. Denn sie trainieren gerade ihre Fähigkeit, den Fokus auf eine einzige Sache zu legen und die Welt um sich herum vollständig auszublenden. Je älter wir werden, desto mehr vergessen wir, wie das geht. Wir verlernen, in einer Tätigkeit vollends aufzugehen, unsere Gedanken ziellos wandern zu lassen. Viel zu oft sind wir im Kopf schon woanders. Und nicht im Hier und Jetzt, wo das Leben stattfindet.

Achtsamkeit
Stille ist nicht leer, sie ist voller Antworten.

UNBEKANNT

Achtsamkeit ist eine ganz besondere Form von Aufmerksamkeit. Dieser Bewusstseinszustand erlaubt es dir, jede innere und äußere Erfahrung im gegenwärtigen Moment so anzunehmen, wie sie gerade passiert. Kinder sind Meister der Achtsamkeit und benutzen die Fähigkeit ganz intuitiv, um im Alltag Ruhe zu finden und Eindrücke zu verarbeiten. Als Erwachsene haben wir den achtsamen Umgang oft verlernt, da wir in einer Welt leben, in der Achtsamkeit keine besondere Bedeutung beigemessen wird. Achtsamkeit hat nichts mit Spiritualität, Traumfängern und Räucherstäbchen zu tun. Sie ist vielmehr ein wichtiger Mechanismus, der es dir erlaubt, Kraft zu schöpfen. Durch Achtsamkeit bleibst du ganz bewusst im Hier und Jetzt und lässt deine Gedanken ruhen. Wer Achtsamkeit ernsthaft und regelmäßig praktiziert, stellt fest, dass Glück nicht von äußeren Bedingungen abhängig ist.

ÜBUNG

Es sind meist unsere Gedanken, die uns davon abhalten, im Hier und Jetzt zu sein. Für deine geistige Gesundheit ist es aber wichtig, das Gedankenkarussell im Alltag bewusst auszuschalten. Diese Stille erzeugt ein friedliches Gefühl und sorgt für die Ausschüttung von Glückshormonen. Nimm dir täglich einen Moment Zeit, um Achtsamkeit zu trainieren. Suche dir einen ruhigen Ort und richte den Blick nach innen. Versuche, an nichts zu denken. Wenn Gedanken in dir auftauchen, lächle sie freundlich an wie einen Bekannten auf der anderen Straßenseite, dem du mit einem Lächeln signalisieren möchtest, dass du gerade keine Zeit hast. So lässt du deine Gedanken ganz einfach vorbeiziehen, und sie verlieren ihre Kraft. Je häufiger du Achtsamkeit übst, desto intensiver erlebst du den Frieden der Stille.

Die freie Welt ist hinter Gittern

Peer

Ein Neuköllner Hinterhof. Ich befinde mich in einem dieser Fußballkäfige, wie man sie auch aus anderen Großstädten kennt. Betonboden, zwei primitive Tore aus Stahlrohren. An der riesigen Hauswand, die über mir in den Himmel ragt, prangt ein Graffiti. *Die freie Welt ist hinter Gittern,* steht da geschrieben.

Der Satz ist so einprägsam, dass ich anfange, über ihn nachzudenken. Er beschreibt einen offensichtlichen gesellschaftlichen Widerspruch, den die Kids aus sozialen Brennpunkten, Satellitenstädten und Hochhaussiedlungen sehr gut kennen. Denn die freie Welt, von der sie alle träumen, hat mit ihren Lebensverhältnissen nicht viel zu tun. Sie ist unerreichbar, getrennt durch unsichtbare, meterhohe Zäune und gesichert durch Grenzen, die nur die wenigsten jemals überqueren.

Gleichzeitig gilt der Spruch auch für jemanden wie mich, der es besser hatte als viele andere. Denn wie frei ist die Welt, in der ich lebe? Gesellschaftliche Normen und soziale Regeln engen mich ein, seitdem ich denken kann. Auch in Beziehungen gibt es immer wieder Begrenzungen, an die ich stoße. Bin ich überhaupt frei?

Vor allem während meiner ersten Jahre in den Medien stellte ich mir diese Frage immer wieder. Ich hatte in New York und Los

Angeles auf der Schauspielschule gelernt, wie ich mich künstlerisch möglichst frei ausdrücken und entfalten kann. Sogar bei GZSZ durfte ich die Rolle relativ selbstbestimmt spielen, und auch beim Frühstücksfernsehen hatte ich jede Menge Freiraum. Mein Chef gab mir einen Rahmen, und innerhalb dessen durfte ich jede Farbe benutzen, die ich ausprobieren wollte. In so einem TV-Format kommen ja wirklich alle vorbei, sogar richtige Größen wie Arnold Schwarzenegger oder René Zellweger, aber auch jede Menge deutsche Prominente. Jeden Tag stellten wir uns die Frage: Was machen wir mit denen? Welchen überraschenden Zugang finden wir heute? Natürlich kamen die meisten ins Frühstücksfernsehen, um ihre neuesten Bücher, Filme oder Alben zu promoten. Aber wie kann man diese Menschen treffen, ohne dass wir zu einer Dauerwerbesendung mutieren? Wie können wir hinter die eigentliche Absicht unserer Gäste schauen und etwas von ihnen erfahren, was vielleicht noch nicht jedem bekannt ist? Wie können wir die Grenzen einhalten und gleichzeitig so sehr ausreizen, dass es für den Zuschauer an 230 Werktagen im Jahr spannend ist?

An einem Morgen waren die Darsteller der Comedy-Sendung «Die Dreisten Drei» zu Gast. Ich dachte: Prima, wenn jemand Spaß versteht, dann ja wohl die. Bei denen hauen wir mal so richtig auf die Kacke. Da ich großer Fan der Louis-de-Funès- und Bud-Spencer-Filme bin, aber auch dem klassischen Slapstick von Didi Hallervorden einiges abgewinnen kann, wollte ich mir etwas Besonderes einfallen lassen. Was ich nicht wusste: Die Schauspieler hatten nicht wie ich Theater auf der Straße gelernt und dann in einem Studium in Amerika veredelt – das waren echte Leute vom Fach, gestandene Bühnenkünstler, die die Comedy-Serie vermutlich als Zwischenstation auf ihrem Karriereweg verstanden. Markus Majowski beispielsweise hat Schauspiel studiert und an staatlichen Theatern gespielt. Davon wusste ich natürlich nichts. Ich dachte nur: Wie kann ich einen Witz machen, der möglichst alle aus der Reserve lockt, damit morgens um sechs nicht so ein nichtssagendes Blabla-Gespräch entsteht?

Tja. Ich hätte es besser wissen müssen.

Die dreisten Drei waren im Frühstücksfernsehen, um die Jubiläumsfolge ihrer Sendung zu bewerben. Deswegen stand eine Torte auf dem Tisch. Und wenn du Slapstick magst und eine Torte siehst, na ja, dann ist klar, was passiert.

Majowski und Kollegen gingen also kurz nach sechs am Morgen davon aus, dass sie hofiert und gefeiert würden, weil die hundertste Folge abgedreht war, und wir hatten geplant, uns gemeinsam ein paar klasse Sketche anzugucken. Ich hingegen hatte in der Nacht kaum geschlafen, weil ich mich wie ein Kind auf den Moment freute, Majowski die Torte ins Gesicht zu drücken. Und das tat ich dann auch. Ich fing natürlich, wie man das aus Filmen kennt, laut an zu lachen, merkte aber recht schnell, dass ich der Einzige war, der die Sache witzig fand. Das Gespräch war danach ziemlich unterkühlt, und Majowski war stinksauer.

Also machte ich mich nach der Aufzeichnung auf zu meinem Gang nach Canossa und klopfte an seine Garderobe. Ich sagte: «Tut mir leid. Das war wirklich ein bisschen viel.»

Aber Majowski redete nicht mehr mit mir. Stattdessen marschierte er zum Chef und drohte, nie wieder für den Sender zu arbeiten, geschweige denn jemals wieder zum Frühstücksfernsehen zu kommen, wenn ich länger für SAT.1 moderierte.

Danach bekam ich eine Ein- oder eher Vorladung in den fünften Stock. Da residieren die Chefs, weshalb man sie vermutlich auch hohe Tiere nennt. Und sagen wir mal so, das Gespräch gehört nicht unbedingt zu den Ereignissen, an die ich mich noch sehr häufig in meinem Leben erinnern will. Ich erfuhr, dass ich diesmal weit über Leinwand und Rahmen hinausgemalt hatte. Immerhin flog ich nicht raus. Doch die Grenzen meiner angeblich freien Welt wurden mir an diesem Tag sehr bewusst.

Auch Jahre später, mittlerweile arbeitete ich bei RTL und moderierte «Deutschland sucht den Superstar – Das Magazin», wurde ich mit weiteren Begrenzungen konfrontiert. Mir war, als ich den Job antrat, nicht klar, wie erfolgreich das Format lief und dass es damit auch hohe Werbeeinnahmen generierte. Für mich war es eine angenehme Art, Geld zu verdienen – mit dem Rest hatte ich wenig zu tun.

Das änderte sich, als mich eines Nachmittags jemand aus dem fünften Stock des Senders anrief. Ich erkannte die Nummer auf dem Display und dachte: Was wollen die denn? Hab ich was vergessen? Oder was verbockt?

Weder noch: Ein großer Werbekunde war in der Stadt. Am Abend würde ein Geschäftsdinner stattfinden, und ich sollte dabei sein.

«Ich kann nicht, bin verabredet», hätte ich der netten Vorzimmerdame am liebsten gesagt. War ich wirklich. Mit einem Freund. Und der war mir tausendmal wichtiger als irgend so ein Geschäftsfuzzi. Aber selbst mir war klar, dass ich nicht einfach absagen konnte. Es war ja auch keine wirkliche Einladung, eher eine Anordnung. Die freie Welt ist hinter Gittern. Wahre Worte.

Ich sagte meinem Freund schweren Herzens ab und marschierte zum Restaurant in Mitte, einem piekfeinen Laden, in dem eine Vorspeise so viel kostet wie ein Abend in der Pizzeria für die ganze Familie. Obwohl ich wirklich keine Lust hatte, gab ich mir Mühe, meine fehlende Begeisterung nicht allzu offensichtlich zur Schau zu tragen. Ich wusste: Es steht nicht in meinem Vertrag, dass ich bei solchen Veranstaltungen dabei sein muss, trotzdem gehört es zum Job dazu. Und zugegeben, der Abend wurde kein kompletter Reinfall, denn wenigstens wurde von mir nicht erwartet, dass ich mich anders gab, als ich war. Also unterhielt ich meine Tischnachbarn mit lustigen Geschichten und Berliner Schnauze, erzählte von meinen Träumen und dinierte wie ein König. An diesem Abend begriff ich zum ersten Mal, dass ein glückliches Leben nicht darin besteht, gar keine Grenzen zu haben, sondern sich innerhalb der gegebenen Regeln und Begrenzungen so frei zu verhalten und zu fühlen, wie es möglich ist.

Als ich Jahre später auf dem Nachhauseweg vom Bolzplatz hinter Gittern in Neukölln bin, denke ich wieder an diesen Abend. Wenn es die Kids aus den Plattenbauten in so einem tristen, betongrauen Fußballkäfig schaffen, glücklich zu sein, und wir alle anderen außerhalb dieses Käfigs können es nicht – dann haben wir es einfach nur verlernt.

Grenzen
Freiheit beginnt dort, wo Angst endet.

Überall in unserem Leben stoßen wir an Grenzen. Doch wie frei und selbstbestimmt du innerhalb der dir gegebenen Grenzen handelst, bestimmst du allein. Die Regeln kannst du nicht ändern. Aber du kannst dir selbst treu bleiben und das Glück, auch in diesen Situationen, suchen. Das gelingt dir in einer Partnerschaft, in deinem Job, in deinem Privatleben. Deine Fantasie und deine Kreativität, die dir als Mensch gegeben sind, die dich von den Tieren unterscheiden, verleihen dir die Möglichkeit, immer das Beste aus deiner Situation rauszuholen.

ÜBUNG

In welchen Momenten deines Lebens fühlst du dich «hinter Gittern»? Wann hast du das Gefühl, nicht du selbst sein zu können? Stelle dir folgende Fragen:

- Was müsstest du tun, wie müsstest du dich verhalten, um du selbst zu sein?
- Wie würdest du dich dabei fühlen?
- Welche Konsequenzen würde das nach sich ziehen?
- Wäre es die Sache wert?
- Worauf wartest du dann noch?

Mein Körper, das unbekannte Wesen

Janni

Da war sie wieder: diese schreckliche, unbeherrschbare Unruhe. Wie ein Monster in mir, das plötzlich erwachte und die Kontrolle über meinen Körper und, noch wichtiger, über meine Gedanken übernahm. Von einer Sekunde auf die andere drehte sich in meinem Organismus alles nur noch um Essen. Wie fremdgesteuert lief ich in die Küche – und griff zu.

Es ging mir dabei nie um das, auf das ich am meisten Lust oder gar Appetit hatte. Sondern vielmehr darum, wie ich meinen inneren Hunger stillen konnte. Aber egal, was ich zu mir nahm, nichts konnte mir geben, was ich brauchte.

Bei der Auswahl meiner Speisen hielt ich Ausschau nach dem, womit ich mich am meisten bestrafen konnte. Was war die größte Sünde? Was könnte ich am einfachsten wieder erbrechen?

Ja, ich weiß: Gedanken wie diese sind nicht «normal», und gesund sind sie erst recht nicht. Aber in einer bestimmten Zeit meines Lebens waren sie meine täglichen Begleiter.

Und ich wurde immer geschickter: Mit der Zeit gewöhnte ich mir an, ein großes Glas lauwarmes Wasser zu trinken, um das Erbrechen erträglicher zu machen. Ich bekam regelrecht Übung darin, meinen nagenden Hunger zu besänftigen.

Gestillt war er erst dann, wenn ich das, was ich in Rekordgeschwindigkeit in mich hineingestopft hatte, wieder hochgewürgt und ausgespuckt hatte. Ich hing über der Toilette, mehrmals am Tag. In diesen Momenten genoss ich das trügerische Gefühl, die Kontrolle über mein Leben im letzten Moment wieder zurückbekommen zu haben. Als hätte ich mich selbst in letzter Sekunde vor dem bösen Essen gerettet und mein Gewicht gerade noch so niedrig gehalten. Das Monster legte sich schlafen, und ich wurde ruhig.

Es war jedoch nur eine Frage der Zeit, bis die Unruhe wieder in mir hochstieg. Manchmal begegnete ich dem Monster bis zu fünfmal am Tag. Es wurde nur besser, wenn ich unterwegs war. Auf Fotoshootings, auf dem Meer oder unter Menschen kam es nicht so oft zum Vorschein – auch wenn meine Gedanken nonstop darum kreisten.

Wenn ich vor oder nach einem Job allein im Hotelzimmer war, plünderte ich die Minibar. Den Alkohol rührte ich nicht an, dafür vertilgte ich alles, was essbar war. Ich bestellte mir Sachen aufs Zimmer und erfüllte die Forderungen des Monsters. Ich fühlte mich allein, hilflos, ausgeliefert. Niemand wusste von meinem Problem. Und das sollte auch so bleiben.

Später, als ich zum ersten Mal in meinem Leben mit jemandem über meine Krankheit sprach, dachte ich über die Frage nach, wann das Monster zum ersten Mal in mir ausgebrochen war. Ich konnte mich an kein spezielles Ereignis erinnern, eher kam es mir wie ein schleichender Prozess vor. In meiner Kindheit und Jugend war meine Wahrnehmung des eigenen Körpers relativ normal gewesen. Ich hatte viel Sport getrieben, und mein Körper war immer voller Energie gewesen. Natürlich, auch ich hatte die Unsicherheiten eines jungen Mädchens gespürt, ihnen aber überhaupt keine Bedeutung beigemessen.

Als ich sechzehn war, kam mein Sponsor, eine große Surf-Modemarke, auf mich zu und bot mir an, als Model für sie zu arbeiten. Ich kann mich genau an die Shootings erinnern – und an den Abgrund, in den ich mit einem Mal blickte. Das Image der Marke war gute Laune, ein aktives, gesundes Leben und unbändige Lebensfreude, doch hinter den Kulissen sah es anders aus. Oft wurden Models bei den Shootings eingesetzt, die gar keinen Sport trieben, denn die Mädchen, die richtig gute Sportlerinnen waren, die die höchsten Berge mit Skiern und Snowboards heruntersausten oder haushohe Wellen surften, passten nicht in die Sample-Größen, die für die Fotoshootings vorgesehen waren. Diese «echten» Frauen waren deshalb ungeeignet und der Marke nicht ästhetisch genug, obwohl sie das Lebensgefühl, von dem alle etwas haben wollten, tatsächlich verkörperten. Nur eben mit etwas weniger Busen, schmaleren Hüften oder einer größeren Nase.

Ich bekam den Job vermutlich nur, weil ich optisch irgendwo zwischen diesen beiden Welten lag: weniger radikal und «männlich» wie die echten Sportlerinnen, aber schlank genug, um als Model vor der Kamera zu stehen. Für einen Laufsteg in Paris hätte es natürlich niemals gereicht, aber für einige große Kampagnen wurde ich doch gebucht.

Zum Glück passierte das nicht allzu häufig, denn wohl fühlte ich mich bei den Shootings nicht immer. Es gab eine Frau, die oft über mich mit den Fotografen tuschelte und abfällig die Augenbrauen hochzog, wenn die Shorts in Größe S nicht so luftig um meine Oberschenkel schlackerten wie bei den anderen Models. Und obwohl ich das Modeln für die Marke irgendwann sein ließ und mich ganz dem Sport, dem Reisen und dem Schreiben darüber zuwandte, hatten die bösen Blicke und hochgezogenen Augenbrauen Einzug in meine Gedanken gehalten. Sie hatten einen Samen in meinen Kopf gepflanzt, der langsam, aber sicher Wurzeln schlug.

Dann, eines Tages, schlug mein Leben ein neues Kapitel auf. Es begann mit einer Mail, die eine sehr ungewöhnliche Anfrage beinhaltete und gemischte Gefühle in mir auslöste. Der Playboy hatte mir geschrieben – man wollte eine große Fotostrecke machen und mich sogar aufs Cover nehmen.

Ich fühlte mich hin- und hergerissen. Einerseits fand ich die Möglichkeit spannend, mich für den Playboy auszuziehen, andererseits war mir bewusst, dass ein Ereignis wie dieses meine Karriere sicher beeinflussen würde. Und die Anfrage kam zu einem kritischen Zeitpunkt in meinem Leben, denn trotz meiner vielen Reisen fühlte ich mich gerade nicht besonders frei. Ich führte seit fünf Jahren eine Beziehung mit einem Surfer, den ich um die halbe Welt begleitete; einer der Gründe, warum ich mich ein wenig aus dem Rampenlicht und den Medien zurückgezogen hatte. Mein Ex-Freund war Spezialist für besonders große Wellen und morgens immer der Erste auf dem Meer. Wir feierten kein Silvester, wenn die Wellen am kommenden Tag gut waren, und reisten in einem Wohnmobil durch Kalifornien, denn mein Freund liebte die Sonne. An den meisten Tagen saß ich auf irgendeinem Kliff und filmte ihn beim Surfen. Stundenlang, überall auf der Welt, immer hinter der Kamera. Wenn mich jemand ansprach, wandte ich den Blick nie vom Meer ab, weil ich keine seiner Wellen verpassen wollte.

Die Winter verbrachten wir in Irland. Unser Leben war enthaltsam, aber erfüllend. Ich las viel, vor allem über Persönlichkeitsentwicklung, und zog mich sukzessive aus den sozialen Medien zurück. Ich wollte weg von der Oberfläche und tiefer hinein in ein kreatives, individuelles und befreiendes Leben.

In dieser Zeit lernte ich auch Fergal kennen, einen der besten irischen Surfer, bei dem wir zwischenzeitlich wohnten. Der Aufenthalt in seinem Haus war ein richtiger Kulturschock für mich.

Fergal baute selbst Obst und Gemüse an und war ziemlich wortkarg. Im Haus gab es nur ein einziges beheiztes Zimmer, und das Wasser war immer kalt, auch die Dusche. Ich kann mich noch daran erinnern, wie merkwürdig und fremd meine Shampooflasche neben seinem farblosen unparfümierten Seifenstück aussah, oder wie merkwürdig es war, in Plastik verpackte Würstchen neben das Obst und Gemüse im Kühlschrank zu legen, das vor Leben nur so strotzte. Fergals Lebensstil beeindruckte mich, gleichzeitig dachte ich auch: Seltsamer Typ, ich könnte niemals so leben.

Fergal war ein gefragter Profisurfer, aber seine Überzeugungen gingen ihm über alles. Er kündigte Verträge mit großen Marken, sagte sogar Hollywood-Filmprojekte ab und nahm sich vor, nie wieder mit einem Flugzeug zu fliegen. Sehnsucht hatte er manchmal schon nach der besten Welle der Welt in Tahiti, doch wenn er dort noch mal hinwolle, müsse er eben segeln, sagte er.

In Irland lernte ich viele spannende Menschen aus der Szene kennen. Musiker, Filmemacher, kreative Geister, die meisten davon sehr zurückhaltend und bescheiden. Ich passte mich an, doch viel anfangen konnte ich mit ihnen zu diesem Zeitpunkt nicht. Obwohl sie liebenswert und nett zu mir waren, hatte ich oft das Gefühl, nicht besonders genug zu sein, um dazuzugehören.

Genau in dieser Zeit trudelte die Anfrage des Playboys bei mir ein. Ich wusste, wenn ich zusagte, würde sich mein Leben verändern – auch wenn ich keine Ahnung hatte, wie genau. Ich war nicht scharf auf den Ruhm und die mediale Aufmerksamkeit, im Gegenteil, das machte mir eher Angst. Doch ich wollte endlich wieder mehr erleben, weitere Facetten des Lebens kennenlernen, um herauszufinden, wer ich eigentlich war. Gab es da vielleicht noch eine ganz andere Freiheit als die, die ich gerade lebte? Was konnte ich noch aus dem Leben rausholen, vor allem für mich? Gab es noch mehr Farben als die, die ich kannte?

Ich suchte das Gespräch mit meinem damaligen Freund. «Ich muss dir etwas sagen.»

«Bist du schwanger?», fragte er knapp.

«Nein. Es ist etwas anderes.»

Ein paar Wochen später waren die Bilder im Kasten, und die Beziehung war vorbei. Ich fühlte mich einerseits beflügelt, lebendig und erfüllt, andererseits war ich jedoch traurig und enttäuscht, vor allem menschlich, weil wir als Paar diese Welle nicht gemeinsam hatten surfen können. Und weil ich, als ich seine Unterstützung am meisten hätte brauchen können, nicht mehr als seine kalte Schulter bekam. Doch ich hatte zu viel von ihm verlangt. In sein Universum passte nur eine Sonne, und ich war nun einmal der Mond für ihn. So gingen unsere Wege auseinander.

Nach dem Playboy-Shooting brach ein großer medialer Sturm los. Am Anfang brachte mich der Job zurück zu den Wurzeln des Surfens, denn ich durfte an einer unvergesslichen Reise auf die Malediven teilnehmen. Ehrlicherweise war die Einladung für mich noch aufregender als die Anfrage des Playboys. Ich durfte tagelang mit einigen meiner größten Surfidole in türkisfarbenem Wasser an menschenleeren Spots verbringen, wurde Teil ihrer Gruppe und fand plötzlich meinen Platz in der Surfwelt. Ich erinnere mich an blaue Wände, die auf die Lineups zurollen, und wie alle um mich herum meinen Namen rufen: «Go, Janni!»

Es war so schön, dass ich alles darüber vergaß. Meine Enttäuschung über die gescheiterte Beziehung, aber auch die Mailflut in meinem Postfach, die die Fotostrecke im Playboy in Deutschland ausgelöst hatte. Ich sollte überall auftreten, alle wollten mich kennenlernen. In Talkshows sollte ich vor einem Millionenpublikum über mein Leben erzählen. Meine bis dahin eher überschaubare Reichweite auf Instagram und Facebook war über Nacht explodiert. Wildfremde Menschen schickten mir Heiratsanträge oder wollten Fotos von meinen Füßen haben. Es war schräg und auch ein bisschen einschüchternd.

Als ich nach dieser Reise, in der die Zeit kurz stillgestanden hatte, wieder in der Realität, genauer gesagt in Frankfurt am Flughafen bei Regen und 13 Grad, gelandet war, brach alles über mir zusammen. Ich ging auf Events, feierte mit Stars, trank viel Alkohol, zog von einem Hotel ins nächste. Viele Menschen wollten einen kleinen Teil von mir haben, von dieser blonden Pocahontas aus dem Magazin, die sich sonst nur auf einsamen Inseln aufhielt. Ich hatte kein besonderes Interesse an den Leuten, die ich kennenlernte, da sie mich nicht berührten und irgendwie alle gleich waren. Doch ich sah Türen in ihnen, die ich öffnen wollte, um mehr über das Leben zu erfahren. Mit jedem Menschen, dem ich begegnete, öffnete ich, so kam es mir vor, die Tür zu einem neuen Raum in mir.

Wenige Wochen später erfuhr ich, dass mein Exfreund eine neue Freundin hatte, die ihn nun mit der gleichen Kamera um die Welt begleitete und filmte. Kurz darauf wurde er zum Coverboy für die Mens Health. Als ich seinen Sixpack sah, der mit Schminke und Retusche noch beeindruckender wirkte als in Wahrheit, riss es mir den Boden unter den Füßen weg. Ich weiß bis heute nicht, warum es ausgerechnet dieses Cover war, das mich so erschütterte. Aber mit einem Mal veränderte sich mein Blick auf mich selbst.

Wenn ich in den Spiegel sah, erkannte ich immer weniger Ähnlichkeit mit der perfekten nackten Frau auf dem Playboy-Titel. Immer noch wurde ich für Shows und Sendungen angefragt – doch dass mein Äußeres in meinen Augen nicht der Version vom Cover entsprach, setzte mich enorm unter Druck. Ich wurde zunehmend unruhig, und weil ich das Gefühl hatte, dass alles aus dem Ruder lief, brachte mich meine Panik darüber zur ersten Begegnung mit dem Monster.

Ehe ich es mich versah, war Essen eine Strafe für mich. Es hatte mich verändert, mich dick gemacht. Ich gab dem, was ich zu mir nahm, die Schuld dafür, dass es mir schlecht ging. Und ich fand keinen Ausweg aus meinem Labyrinth. So ging das über Jahre. Jahre, in denen ich mich immer seltener wie ich selbst fühlte. Jahre, in denen ich mich mehr und mehr von mir entfernte.

Bis zu dem Tag, an dem ich wusste: Ich muss etwas verändern. In Deutschland kündigte sich der Winter an, und ich wollte weg. Weg von der Kälte. Weg von den ganzen Partys und von Menschen mit Erwartungen. Weg von mir selbst.

Gemeinsam mit einer befreundeten Surferin, die ebenfalls im Playboy gewesen war, plante ich eine große Reise. Wir nannten das Ganze «Surf Bunnys», und als ich mit dem Konzept an einige größere Reiseveranstalter herantrat, waren diese begeistert. Es dauerte nicht lange, und wir saßen mit unseren Boardbags im Flieger Richtung Bali. Unsere Aufgabe war einfach: Wir sollten andere Menschen auf ihren Surfreisen begleiten und Berichte für Magazine darüber schreiben.

Es tat gut, am Meer zu sein, und mein Essverhalten normalisierte sich etwas. Ich war bis zu acht Stunden am Tag auf dem Wasser. Nachts feierten wir ausgelassen, doch morgens, während die anderen ihren Kater ausschliefen, war ich schon wieder auf dem Meer. Ich genoss die Momente in den großen Wellen, ganz allein irgendwo da draußen. Oft verpassten die Fotografen meine besten Tricks, weil sie selbst noch nicht auf den Beinen waren. Aber das störte mich nicht. Ich bejubelte mich selbst und freute mich darüber, dass ich jeden Tag besser und sicherer auf dem Brett wurde.

Kaum war ich jedoch weg vom Meer oder zu lange an Land,

kam das Monster wieder zurück und trieb mich erbarmungslos vor sich her. Ich fand nie richtig meinen Frieden und kaum einen Moment der Ruhe, denn ich befand mich entweder in großen Wellen, auf Partys oder eben in Gedanken beim Essen und dabei, wie ich mich selbst bestrafen konnte. Wie eine Waschmaschine im Schleudergang, die einfach nicht aufhören kann, musste alles immer schneller, weiter und extremer sein.

Es gab nur eine einzige Sache, die mir innerlich hin und wieder Frieden gab: unter Wasser zu schwimmen. Ich hatte die Meerjungfrauenflosse, die mich schon seit einiger Zeit auf meinen Reisen begleitete. Unter Wasser zu schwimmen und tiefer zu tauchen, brachte mich zurück zu der Stille, die ich so sehnsüchtig suchte und sonst nirgendwo fand. Die Art und Weise, wie es unter Wasser manchmal ganz leicht knisterte. Das Gefühl, dass das Meer mich überall berührte. Die leichte Strömung, die mich hin und her wiegte wie ein Baby. Hier fühlte ich mich geborgen. Ich verspürte keinen Druck, irgendetwas tun oder darstellen zu müssen. Auch die Aufregung und das Adrenalin, die das Surfen in mir auslöste, waren nicht mehr da. Mir war bewusst, ich konnte nicht für immer dort unter der Wasseroberfläche bleiben. Und wenn ich wieder aus dem Meer kam und meine Flosse von den Beinen streifte, fühlte ich mich schwer.

Es muss doch möglich sein, mich auch an Land und im Leben so zu fühlen wie unter Wasser, dachte ich eines Tages. Ich wollte frei sein und das finden, was mir die größte Freiheit gab. Und ich nahm mir vor, mich endlich von dem abzuwenden, was andere von mir erwarteten.

Von diesem Moment an, in dem ich mir bewusst machte, dass ich selbst es bin, die über mein Leben entscheidet, war es mir nicht mehr so wichtig, was die Leute über mich dachten. Ich begleitete weiterhin Surfreisen, aber nicht mehr als Surf Bunny, sondern als Sportlerin, die es mit ihren männlichen Kollegen locker aufnehmen kann.

Diese Einstellung sorgte dafür, dass ich Menschen anders als früher begegnete und endlich echte Freundschaften entstanden. Mein Leben war durch die Begegnung mit meiner inneren Meerjungfrau von der Oberfläche weggekommen, und ich hatte das Gefühl, meine Tiefgründigkeit viel mehr auszuleben und damit auch meiner Seele einen anderen Ausdruck zu verleihen, der viel besser zu mir passte.

Ich war gerade auf den Philippinen, als ich für eine Dating-Show auf einer einsamen Insel Tahitis angefragt wurde. Ausgerechnet nackt. Merkwürdigerweise störte mich das aber gar nicht. In der Mail stand das Übliche, große Reichweite, tolles Sprungbrett, das löste jedoch keine Aufregung in mir aus. Es waren dieser Tage ziemlich große Wellen an dem Spot, an dem ich mich aufhielt, und die hatten für mich oberste Priorität.

Erst als der Swell vorbei war, ergriff mich plötzlich ein seltsames Gefühl. Ich wusste instinktiv: Ich muss unbedingt nach Tahiti zu dieser Show, weil dort etwas Großes auf mich wartet. Und damit meine ich weder Ruhm noch Geld.

In den Tagen vor der Show, im Hotelzimmer in Tahiti, hatte ich meine letzten Begegnungen mit dem Monster. Es kam mir so vor, als würde es langsam seine Kraft verlieren. Ich fühlte mich, als würde ich von einer großen Veränderung ergriffen und auf einer anderen Ebene landen, ohne zu wissen, wohin die Reise ging.

Dann war ich nackt auf einer Insel, mit lauter Fremden und umgeben von Kameras. Meine Gedanken an Essen waren mit einem Mal verflogen. Ich hatte kein Handy dabei, bekam keine Anfragen, musste mich nicht mit Dingen außerhalb des Jetzt und Hier beschäftigen. Alles, was nicht in dem Moment auf dieser kleinen Südseeinsel war, war auch nicht mehr in meinem Kopf. Ich durfte einfach nur sein.

Als ich mit Peer mein neues Leben in Berlin begann, waren die alten Gedanken manchmal wieder da, gerade in Stresssituationen kamen sie zum Vorschein. Ich hatte in diesen Momenten immer besonders mit mir und meinen Impulsen zu kämpfen.

Letztendlich war es die Auseinandersetzung mit Lebensmitteln, die den Schalter endgültig umlegte und mich von meinen ungesunden Mustern und meiner Krankheit heilte. Durch Peer, der in Kreuzberg aufgewachsen ist und vieles hinterfragt, lernte ich, in Erfahrung zu bringen, was ich aus welchem Grund zu mir nehme. Diesen Prozess bestärkten meine erste Schwangerschaft und die Geburt von Emil-Ocean. Zum ersten Mal machte ich mir wirklich Gedanken über Konsum, leere Versprechen der Industrie und Marketing. Ich nahm bewusst wahr, was industrieller Zucker mit mir machte und warum biologisches Essen wichtig und richtig ist. Meine Geschmacksnerven wurden geschult. Ich konnte bald den Unterschied zwischen Nahrung wahrnehmen, die auf natürliche Art gewachsen war, und totem Fleisch, viel zu viel Zucker oder Obst und Gemüse, das einfach nur leer schmeckte. Es kam mir vor, als ob ich die Seele in den Lebensmitteln suchte und mich mit den richtigen Dingen belohnte, statt mich wie früher mit den falschen zu bestrafen.

Die Unruhe in mir kam hin und wieder noch immer hoch, doch dann griff ich zu Lebensmitteln, die ich schätzte. Ich hatte nicht mehr das Gefühl, Müll in meinen Körper zu stopfen. Außerdem wurde mir klar, dass ich in diesen Momenten Stress verspürte. In der Sekunde, in der ich den Stress anerkannte, ging es mir schlagartig besser, und ich wurde ruhiger.

Ich hörte auch damit auf, meinen Teller leer zu essen, wenn

ich es nicht wollte, egal ob ich in einem Restaurant oder bei Freunden eingeladen war. Früher hätte ich aus Höflichkeit aufgegessen, doch nun tat ich das, was mir guttat. Ich wusste, dass es nicht bedeutete, dass ich die Lebensmittel oder den Aufwand des Kochens nicht schätzte, ganz im Gegenteil – doch ich hatte gelernt, mir mehr Gutes zu tun und den Satz «Du bist, was du isst» zu Herzen zu nehmen.

Ich weiß mittlerweile, wie wichtig es ist, auf sich selbst zu hören und zu bemerken, was man braucht – und was nicht. Es gibt immer wieder Phasen, in denen ich mich vegan und zuckerfrei ernähre. Doch in den Schwangerschaften gelüstete es mich nach Marzipantorten, Rollmops und Süßkram, und auch diesen Bedürfnissen ging ich nach. Trotzdem weiß ich heute, was ich brauche, um mich körperlich und mental gut zu fühlen. Ich greife nicht mehr blind in ein Regal, sondern denke bewusst an die Menschen, die die Lebensmittel gepflückt, geerntet oder hergestellt haben. Ich weiß ihre Leidenschaft und Liebe zu schätzen und bin dankbar dafür. Ich entscheide, was ich meinem Körper zuführe. Denn dieser Körper ist mein Tempel. In ihm wohnt meine Seele.

Deshalb kann ich gar nicht gut genug zu ihm sein.

Süchte
Sucht kommt von Suchen.

UNBEKANNT

Ein erfülltes, zufriedenes und unabhängiges Leben versorgt unseren Körper regelmäßig mit Glückshormonen, die der Antrieb für unser Handeln sind. Kommt dieses System aus dem

Gleichgewicht, suchen wir automatisch nach Ersatzbefriedigungen, die uns stattdessen mit guten Gefühlen versorgen. Das können Sport oder Bestätigung von außen sein, aber auch Nahrung oder Suchtmittel lösen die Hormonausschüttung aus. Wird dieser Mechanismus zur Gewohnheit, läuft er unterbewusst ab und ersetzt das natürliche Belohnungssystem. Dein Körper wird abhängig von den neuen Strukturen und reagiert stark auf den Entzug der Belohnungen. Um diese Kette zu sprengen oder zu unterbrechen, ist es wichtig, deine Gewohnheiten zu erkennen, um das unbefriedigte Bedürfnis zu identifizieren.

ÜBUNG

Gibt es schlechte Gewohnheiten oder sogar Süchte, die du gern loswerden würdest? Untersuche deine regelmäßigen Handlungen mit folgenden Fragen, um herauszufinden, welches Bedürfnis dahintersteckt:

- Was tue ich?
- Wo tue ich es?
- Wann tue ich es?
- Welche Gefühle löst es in mir aus?

Die nackte Wahrheit

Peer

Sommer in Berlin. Das dicke B zeigte sich von seiner schönsten Seite. Ich besuchte eine Veranstaltung an der Spree, die Medien waren da und jede Menge Prominente, die Sonne schien, und die Stimmung war super.

Plötzlich hielt mir eine Reporterin von RTL das Mikro unter die Nase und befragte mich zu einem hauseigenen TV-Format. «Adam sucht Eva». Hatte ich noch nie gesehen.

«Könntest du dir vorstellen, an so einer Sendung teilzunehmen?»

«Als Moderator?»

Sie lachte. «Ne! Als Teilnehmer.»

Ich zuckte mit der Schulter. «Klar, warum nicht?»

War ja nichts Schlimmes dabei. Wie zur Bestätigung lief hinter der Reporterin gerade Micaela Schäfer vorbei und zeigte der Welt ihre nackten Brüste samt herzförmigen Nippel-Tattoos. Das war jetzt nicht unbedingt mein Geschmack, aber für mich hatte Nacktheit nie etwas Vulgäres oder Sexuelles, sondern war immer ganz natürlich. Das hat auch mit meiner Liebe zu Frankreich zu tun. Die FFK-Kultur bei unseren Nachbarn ist nämlich mindestens so ausgeprägt wie in weiten Teilen Ostdeutschlands. Und was sprach dagegen, an solch einem Format teilzunehmen? Ob angezogen oder nicht: Ich war solo und rechnete sowieso nicht damit, dass meine Aussage irgendwelche Konsequenzen nach sich ziehen würde.

So kann man sich irren. Einige Zeit später trudelte nämlich bei meiner Agentur eine Anfrage ein. «Adam sucht Eva». «Willst du da mitmachen?», fragte mich meine Agentin.

Ich fand, es war der perfekte Zeitpunkt, und sagte zu. Erst als ich anfing, mit meinem Umfeld über die Sendung zu sprechen, bemerkte ich, dass es gar nicht so leicht war, das Format in die richtigen Worte zu verpacken.

«Hey, ich mache bei einer neuen Sendung mit.»

«Toll, worum geht's?»

«Ich bin nackt auf einer einsamen Insel und treffe dort Frauen, die auch nackt sind.»

Erst als ich die Sätze das erste Mal aussprach, dämmerte mir, dass meine Beteiligung an dieser Sendung vielleicht doch mehr Auswirkungen auf meine Karriere haben könnte, als ich in Betracht gezogen hatte. Es klingt eben unfassbar obszön, wenn man erklärt, dass man nackte Frauen trifft. Da kannst du der größte Feminist vorm Herrn sein, das muss dir erst mal einer abkaufen.

Auch meine Eltern waren nicht erfreut. Sie sagten: «Von dir sind wir ja Kummer gewohnt!» Und ganz ehrlich, ich verstand es damals wirklich nicht. In meinem Kopf, in meiner Vision, war ich so was wie ein moderner Robinson Crusoe, der auf einer einsamen Insel andere Freigeister trifft. Okay, nackt. Aber das war doch nicht das Wichtigste an der Sendung. Im Idealfall würde ich sogar eine Frau treffen, die mir im wahren Leben noch nicht begegnet war und eine ähnliche Vorstellung vom Leben hatte wie ich. Die ebenfalls fand, dass man sich für seinen Körper niemals schämen sollte. Dass Nacktsein natürlich ist.

Leider war mein Umfeld überhaupt nicht begeistert von der

Sache. Die Reaktionen reichten von «Ich rede nie wieder ein Wort mit dir!» bis zu «Musst du selbst wissen». Das war nun nicht gerade die Unterstützung, die ich mir erhoffte. Einer meiner Freunde sagte: «Wenn du nacktes Dating so geil findest, geh doch in Brandenburg campen.» Aber war es dasselbe? Für mich nicht! Ich fand Tahiti aufregend. Außerdem war mir kein einziger Campingplatz in Brandenburg bekannt, auf den man nur ohne Klamotten durfte. Und zuletzt: Selbst wenn es die Möglichkeit gäbe, hätte ich es vermutlich nicht getan.

Dank meiner wunderbaren Agentin blieb ich mir aber selbst treu und ließ mich auf das Experiment ein. Ich hatte Lust, über die Grenze des Gewöhnlichen zu gehen.

Na ja. Bis mir irgendwann dämmerte, dass ich zwar kein Problem mit Nacktsein hatte, aber auch alles andere als FKK-erfahren war. Das musste ich also trainieren – so wie ich fürs Dschungelcamp Schlafentzug und Mangelernährung trainiert hatte, denn ich wollte unter allen Umständen vermeiden, der Teilnehmer zu sein, der den Damen schamlos auf die Möpse starrt. Zur Vorbereitung auf die Show ging ich also – kein Witz – jeden zweiten Tag in die Sauna. Ich sah mir Körper jeden Alters und jeder Figur an, bis ich das Gefühl hatte, es sei das Normalste der Welt. Nach ein paar Wochen kam es mir wirklich vollkommen alltäglich vor, mit Nackten abzuhängen. Wortwörtlich.

In Berlin wurde es Tag für Tag kälter, der Winter nahte. Doch in meinen Gedanken war unentwegt Sommer auf Tahiti. Ich stellte mir vor, wie aufregend und neu es sein musste, Menschen in dieser Kulisse zu begegnen. Kokosnüsse, weißer Sandstrand, türkisfarbenes Wasser … Das war meine Vision, und nur wenige Wochen später wurde sie Wirklichkeit. Ich hatte mir die Südsee so lange in allen Farben, Gerüchen, Geschmäckern und Bildern ausgemalt, dass sie zu meiner Realität wurde. Man nennt diesen

Prozess Manifestation, was ich damals noch nicht wusste. Aber als ich mich eines Tages plötzlich auf einem Speedboat vor einer Insel im Paradies wiederfand, die Kleider ablegte und kurz darauf splitterfasernackt ins badewasserwarme Meer sprang, kam es mir vor, als würde ich in ein neues Leben hüpfen. Tat ich in gewisser Weise auch, das war mir zu diesem Zeitpunkt aber noch nicht klar. Und ich bezweifle sehr, dass ein Nacktbad in einem See in Brandenburg dieselben Freiheitsgefühle in mir ausgelöst hätte. Ich schwamm durch das kristallklare Wasser auf den weißen Strand zu und dachte mir: Peer, du bist schon ein richtiger Glückspilz. So etwas Großartiges wirst du vermutlich nicht noch einmal erleben, also koste es voll aus!

An diesem Tag lernte ich meine Mitstreiter kennen und begriff relativ schnell, welche Art von Menschen sich auf der Insel zusammenfand. Manche wollten sich tatsächlich nur inszenieren, andere, vor allem einige von den Mädels, wirkten ein wenig verzweifelt, weil der Algorithmus von Tinder auch nach beharrlichstem Wischen immer noch nicht den Traumprinzen frei Haus geliefert hatte. Doch es gab auch andere. Vor allem eine. Eine Frau, wie ich sie mir schöner nicht hätte träumen können – und mit der ich niemals gerechnet hätte. Ich entschied mich binnen kürzester Zeit für sie und keine andere. Und ließ mich damit hundertprozentig auf das Experiment ein.

Das ist, wenn man so will, das Geheimnis meines Erfolgs. Zumindest in Reality-Sendungen. Ich nehme all diese Formate ernst, wenn ich daran teilnehme, und genieße die Zeit und die Möglichkeiten. Deshalb fällt es mir leicht, bei diesen Sendungen authentisch zu sein. Reality-TV ist spannend, wenn sich echte Menschen so zeigen, wie sie wirklich sind. Heute ist das oft nicht mehr so. Die Sendungen sind zur Bühne für Selbstdarsteller geworden, die vor allem ihre Reichweite vergrößern oder einen Eintritt in die Medienwelt haben wollen. Deswegen sieht man heute mehr ungewöhnliche Charaktere als früher im Fernsehen, da es offenbar nicht mehr reicht, man selbst zu sein. Die Realität ist längst nicht mehr genug, um die Zuschauer zu unterhalten. Ich finde das bedauerlich, denn die Stärke von Reality-TV war, die Realität zu zeigen – oder zumindest einen Ausschnitt davon.

Dass ich bei «Adam sucht Eva» die Frau fürs Leben finde, damit hätte ich bei aller Ernsthaftigkeit, die ich Formaten wie diesem entgegenbringe, aber nicht gerechnet. Ich bin davon überzeugt, dass das Nacktsein seinen Teil dazu beitrug, denn so pur, so echt und unverstellt, ohne (Ver-)Kleidung und Alltag, trifft man sich nur selten. Wir blickten uns gegenseitig bis auf den Grund unserer Seelen, eben weil es keine Ablenkung gab, nichts, was uns voneinander trennen konnte. Wir stellten fest, dass wir von unserem Wesen her einander sehr ähnlich waren. Zwar kamen wir aus ganz anderen Welten, hatten vollkommen unterschiedliche Dinge erfahren, waren anders geprägt worden, doch es gab eine überwältigende Schnittmenge, einen Nukleus, der uns von Anfang an miteinander verband. Wir waren das, was man kitschig Seelenverwandte nennt: zwei Menschen, deren Seelen dieselbe Farbe haben.

Wir konnten uns erkennen, weil wir wirklich bis auf das Wenigste reduziert waren. Nackt, wie Gott, das fliegende Spaghettimonster oder das Universum uns schuf. Ich glaube, wir kamen deshalb auch schneller zum Punkt und wurden uns einig darüber, dass wir unser Leben miteinander verbringen wollen. So war es bei mir jedenfalls. Mir war ziemlich schnell klar, dass Janni die Mutter meiner Kinder und die Liebe meines Lebens wird. «Adam sucht Eva» war für mich zwar ein Sprung ins lauwarme Wasser – aber die beste Entscheidung, die ich je getroffen habe.

Manifestationen

Realität ist nur eine Illusion, allerdings eine sehr hartnäckige.

ALBERT EINSTEIN

Unter einer Manifestation versteht man das Sichtbarwerden von Dingen, die vorher unsichtbar oder gestaltlos waren. Spirituell bedeutet Manifestieren das bewusste Erschaffen der eigenen Realität. Du kannst deine Wünsche nämlich tatsächlich wahr werden lassen. Dafür darfst du deine Gedanken auf dein Ziel ausrichten – und zwar auf ein positives Ziel. Grundlage von Manifestationen ist das sogenannte Gesetz der Anziehung, das besagt, dass du genau das in dein Leben holst, mit dem du dich gedanklich und emotional die meiste Zeit beschäftigst. Das gilt für gute wie für schlechte Gedanken – deshalb ist es wichtig, dass du bei Manifestationen positiv denkst und das Wort «nicht» vermeidest.

Ein Beispiel: Du träumst davon, dich endlich gesünder zu ernähren. Bis jetzt scheiterten deine Vorhaben aber immer wieder, was dich in der Überzeugung bestärkt hat, dass du undiszipliniert und faul bist. Mit der folgenden Übung kannst du trainieren, wie du deinen konkreten Wunsch Realität werden lässt.

ÜBUNG

Nimm dir jeden Abend vor dem Schlafengehen ein paar Minuten Zeit und manifestiere deinen Wunsch, indem du folgende Fragen der Reihe nach durchgehst und mit deiner Vorstellungskraft beantwortest:

- Wie würdest du dich fühlen, wenn du zu der Person werden würdest, die du gern sein möchtest? Wenn du ab heute gesünder essen, seltener fluchen oder erfolgreicher verhandeln würdest?

· Wie würde die Person denken, die du in dieser Vision bist?
· Welche Gewohnheiten pflegt sie?
· Mit wem umgibt sie sich?
· Was ist ihr Mindset?
· Welche Handlungen vollzieht sie jeden Tag?

Stell dir nun vor, du erwachst morgen als genau diese Person – und staune.

Es reist sich besser mit leichtem Gepäck

Janni

«Spreche ich es an, oder soll ich es lassen?»

Ich stellte mir diese Frage immer und immer wieder. Vielleicht gehörte es zu seinem Leben als Schauspieler in Berlin einfach dazu, das Trinken. Ich konnte ja selbst kaum Nein sagen, wenn man mir ein Glas anbot. Überall wartete die Verlockung. Wir waren damals auf vielen Partys; in den Rooftop-Bars, die Silhouette des Berliner Fernsehturms im Sonnenuntergang, mit großartiger Musik, netten Menschen, entspannter Stimmung. Das Leben schmeckte süßer mit etwas Prickelndem in der Hand. Die Abende waren unbeschwert und rosarot und ließen mich die dreckigen Straßen, den unfreundlichen Taxifahrer und die dunklen Großstadt-Energien leicht vergessen.

Es verging ein ganzer Sommer, bis ich mir ein Herz nahm. «So können wir keine Kinder bekommen.»

Nicht die feuchtfröhlichen Abende, sondern die Stimmungen, die daraus resultierten, waren mein Problem. Fast jeder Abend endete mit schlechter Laune, in Tränen aufgelöst oder in einem Streit. Auch am Tag danach war ich manchmal mit Peers Stimmungen konfrontiert, die ich nicht nachvollziehen konnte. Egal wie sehr sich seine Berliner Welt von meinem Kosmos auf Fuerteventura unterschied, irgendetwas war hier grundverkehrt, und ich musste es ansprechen, denn wir hatten Großes vor. Wir wollten eine Zukunft zusammen gestalten. Und Kinder, drei an der Zahl. Aber nicht so, nicht um jeden Preis.

Es wäre einfacher gewesen, wegzugehen. Mich dem Offensichtlichen nicht zu stellen, sondern mich abzuwenden, wie ich es vorher stets getan hatte – einen anderen Kerl daten, mein Leben weiterleben. Aber «einfach» war nicht, was ich wollte. Und ich liebte Peer. Also teilte ich ihm meine Bedenken mit.

«So können wir keine Kinder bekommen.»

Er gestand mir, dass er abhängig war. Nicht, dass es mich wirklich überraschte. Aber es von Peer selbst zu hören, war doch noch einmal etwas anderes, als sich manchmal zu sorgen, weil kaum ein Tag ohne Alkohol möglich war.

Wir entschieden uns, einen neuen, gemeinsamen Weg einzuschlagen. Ohne samtigen Rotwein, ohne kühlen Gin Tonic, ohne erfrischendes Bier. Mir wurde bewusst, wie wichtig es gewesen war, Peers Suchtproblem offen anzusprechen. Im Leben stehen wir immer vor der Entscheidung: Dulden wir den Schmerz, oder laufen wir vor den Problemen weg? Oder leben wir mit offenem Herzen und führen eine ehrliche Beziehung?

Peer und ich entschieden uns bewusst für die Offenheit und für die Freiheit. Es wurde nicht weniger anstrengend, denn an einer Alkoholkrankheit hängt oft viel verdrängter Schmerz. In zahlreichen Therapien lernte mein Mann, wie er es verhindern konnte, in Zukunft in alte Verhaltensmuster zurückzufallen. Manchmal musste ich an Dominosteine denken; Stein für Stein mussten wir wieder aufstellen, anstatt die toxische Kette fließen zu lassen. Wir wollten es doch besser machen, für uns, aber auch für unsere Kinder.

Dafür mussten wir auch loslassen – den Schmerz. Das bedeutet nicht, etwas fallen zu lassen, sondern die Hände von dem zu lösen, was man nicht mehr haben will, um frei zu sein und nach dem greifen zu können, was wir zum Glücklichsein brauchen.

Den Schmerz loslassen und dem eigenen Weg folgen ist ein Grundprinzip des Lebens. Wir dürfen verstehen, dass unsere Eltern Fehler gemacht haben und wir unsere eigenen machen werden. Nicht dieselben, denn wir sind eine andere Generation und stehen vor anderen Herausforderungen.

Aber es war schwer. Und nicht nur einmal wurde ich «geköpft». So nannte es einmal ein Therapeut, mit dem ich sprach: Wenn der König eine schlechte Nachricht bekam, köpfte er den Ritter, der die Nachricht überbracht hatte. Bis heute wird derjenige, der die Wahrheit ausspricht, «geköpft» – auch wenn der Schmerz des Königs mit dem Ritter gar nichts zu tun hat, sondern seinen Ursprung in einer längst vergangenen Zeit findet. Aber ich lernte, damit umzugehen und die manchmal blinde Wut zu ertragen. Denn was kostet es, glücklich und frei zu sein? Was ist es dir wert, deinem Herzen zu folgen?

Schmerz ist am Anfang oft unsichtbar, nicht greifbar und erst recht nicht verständlich. Es ist schwer zu sagen, woher er kommt, denn er ist uralt, viel älter, als wir es sind. Doch eines Tages treffen wir ihn, oft bei relevanten Ereignissen in unserem Leben, wie bei der Geburt eines Kindes, bei einer Veränderung im Beruf, einem Partnerwechsel oder in einer Krise. Er hat viele Gesichter und tarnt sich besser als ein Chamäleon.

Dieser Schmerz ist anders als der, den wir empfinden, wenn wir uns die Hand am heißen Herd verbrennen, und auch anders als der, den wir fühlen, wenn wir im Dunkeln auf einen Legostein treten und er sich tief in unseren Fuß gräbt. Ich rede von einem tiefgreifenden Schmerz, den wir in uns tragen, manche mehr, manche weniger. Einem Schmerz, der sich über Generationen vererbt, so wie es blaue Augen oder blonde Haare tun können. Nur dass man diesen Schmerz äußerlich nicht sehen kann und manchmal erst dann erkennt, wenn wir schon daran zerbrochen sind.

Wenn wir auf unsere Kindheit zurückblicken, erinnern wir uns oft nur an Gefühle. Möglicherweise war da mal dieses Gefühl von Trauer oder Leere, vielleicht auch ein Schuldgefühl. Wir wussten nicht, warum wir es empfanden, aus welchem Grund wir es fühlten – und haben erst recht keine Ahnung, warum wir es noch immer in uns tragen. Als Kinder nehmen wir Emotionen um uns herum an, ohne sie zu hinterfragen. Wir trennen sie nicht von uns und ordnen nicht zu, wer sie aus welchem Grund auslöst. Sie sind plötzlich da und Teil unseres Leben, bis sie irgendwann Teil von uns selbst werden. Und sie wachsen mit uns, diese Gefühle und Emotionen, werden unser ständiger Begleiter im Alltag oder beim Treffen großer Entscheidungen. Oft hemmen sie uns so sehr, dass wir unfähig werden, ein eigenes Leben zu leben, eine glückliche Beziehung zu führen oder Nein zu anderen Menschen zu sagen – und dafür Ja zu uns.

Manche von uns verhindern, dass es so weit kommt, weil sie gute Beobachter und hellhörig sind und genügend emotionale Intelligenz entwickelt haben, um Emotionen und Gefühle anderer richtig einzuordnen. Sie haben eine eigene Stimme, der sie zuhören, den Mut, ihr zu folgen, und die Selbstliebe, für sich einzustehen. Ein gesundes Selbstwertgefühl verrät ihnen eindeutig, was gut und richtig für sie ist. Im Grunde ist jeder von uns ein solches Kind, denn eigentlich sind wir alle voller Liebe, wenn wir nackt auf die Welt kommen.

Aber dann kommt der Schmerz. Es ist immer wieder überwältigend, ihn von uns zu trennen, egal wie gut wir uns vorbereiten, da er binnen einer Sekunde alles infrage stellt, was wir für richtig hielten. Wir begreifen, dass unsere Blase doch nicht so perfekt war, wie wir immer dachten, und beginnen zu reflektieren. Mit etwas Glück gelingt es uns, auch den schlimmsten Schmerz in unsere größte Stärke umzuwandeln. Wir entwickeln Resilienz und wachsen an ihm.

Allerdings haben wir Menschen einen gemeingefährlichen Mechanismus entwickelt: Verdrängung. Sie hält uns davon ab, uns mit dem auseinanderzusetzen, was in uns um Beachtung bittet. Sie redet uns ein, dass schon alles wieder gut wird, wenn wir nur einfach in die andere Richtung schauen. Sie hindert uns daran, über uns hinauszuwachsen.

Vor einiger Zeit erzählte ich einer guten Freundin eine Episode aus einer Familie, in der es um ebenjenen Mechanismus ging: Verdrängung. Es hatte Ärger mit meinen Eltern gegeben, auch weil alte Konflikte in der Vergangenheit offenbar nicht geklärt, sondern verdrängt worden waren. Meine Freundin schüttelte sich am ganzen Körper, als ich ihr davon erzählte, beinahe, als ob sie meine Erzählung von sich fernhalten, ja eben abschütteln wollte. «Gruselig», sagte sie mit einem Gesichtsausdruck, den ich nie vergessen werde.

Verdrängung. Das ist in etwa so, als wenn man versucht, einen aufgeblasenen Luftballon mit allen Mitteln unter Wasser zu drücken. Er wird ohne Anstrengung nie dort unten bleiben, denn gegen die Physik kommt man nicht an. Negative Emotionen sind in gewisser Weise genau wie dieser Luftballon – und sie funktionieren nach denselben physikalischen Gesetzen wie der Mechanismus eines Automotors oder einer Kuckucksuhr. Könnten wir negative Gefühle so anerkennen und behandeln wie einen gebrochenen Fuß oder eine Erkältung, wäre das Leben ein anderes. Vielleicht könnte es dann sogar Weltfrieden geben.

Doch das wird es – vermutlich – nie, solange das Verständnis und die Einsicht nicht da sind. Wir sind eigentlich Wunder und betrachten uns viel zu selten als solche. Uns wird beigebracht, an den Weihnachtsmann und die Zahnfee zu glauben, aber nicht an uns selbst.

Dabei sollte ein Blick auf die Menschheit genügen. Was haben wir alles schon geschafft! Wir sind in die Tiefen der Ozeane getaucht, über den Wolken geflogen und sogar bis ins Weltall vorgedrungen. Wir sind in der Lage, Menschen, die ihre Beine verloren haben, wieder zum Laufen zu bringen und Herzen zu transplantieren. Wir erschaffen Leben und besiegen Pandemien, erfinden das Rad, die Elektrizität, das Internet.

Doch oft sind wir fast in gleichem Maß, wie wir für vieles die Lösung sind, eben auch selbst das Problem. Wir tragen den Schmerz unserer Vergangenheit in einem großen Rucksack mit uns herum. So vertraut sind wir mit dem schweren Gewicht, dass wir es von Zeit zu Zeit gar nicht mehr bemerken. Wir sind so daran gewöhnt, dass uns der Rucksack unbeweglich und schwerfällig macht, dass wir vergessen, dass es eine Alternative gibt.

Erst wenn wir es wagen, den Rucksack abzusetzen und zu öffnen, setzt die Erkenntnis ein. Gehört dieser Schmerz wirklich zu mir? Wie konnte ich vergessen, wie viel er wiegt? Einen Stein nach dem anderen befördern wir aus dem Rucksack und fragen uns: Will ich die Firma meiner Eltern übernehmen, weil ich niemanden enttäuschen will? Möchte ich meinen Kindern manchmal einen Klaps auf den Hintern geben, weil es mir früher ja «auch nicht geschadet» hat? Möchte ich bei meinem Partner bleiben, den ich nicht liebe, der aber meinen Eltern und Freunden gefällt? Muss ich in einem Körper ausharren, der sich nicht richtig anfühlt? Will ich Rosa tragen, obwohl mir alle anderen

Blau anziehen wollen? Sind Kinder für mein Lebensmodell trotz langjähriger Beziehung wirklich das Richtige? Fühle ich mich mit meinen Kurven wohl und will sie zeigen? Möchte ich mich meinen Problemen stellen oder sie in Alkohol ertränken, weil es alle in meinem Umfeld bisher so gemacht haben? Will ich meinen Kindern morgens Leberwurst aufs Brot schmieren, weil es meine Kindheit ausgemacht hat, selbst wenn ich eigentlich nicht so recht weiß, was in dem Zeug überhaupt drinsteckt?

Es ist ein erleichterndes, befreiendes und gleichzeitig beängstigendes Gefühl, mit einem Mal ohne Ballast durchs Leben zu gehen. Den Rucksack auf den Kopf zu drehen und so lange zu schütteln, bis selbst das kleinste Steinchen hinausgefallen ist.

Das Ausmisten eines solchen Rucksacks ist unbequem, das weiß ich aus eigener Erfahrung. Immer wieder musste ich mich in meinem Leben fragen: Bleibe ich, wo ich bin, wo ich mich auskenne, oder gehe ich weiter? Gebe ich mich mit dem zufrieden, was mir bekannt und vertraut ist, oder finde ich heraus, wofür ich bestimmt bin? Bin ich zufrieden mit dem, was ich bereits habe, oder begebe ich mich auf die Suche nach dem, was möglich ist?

Sobald wir anfangen, unseren Rucksack und den Schmerz darin zu hinterfragen, und als Mensch so lange über uns hinauswachsen, bis wir aus dem Schatten emporkommen und die Sonne sehen, werden wir viel loslassen dürfen. Der Prozess ist kein leichter, die Opfer und Gewinne sind mal größer, mal kleiner. Doch eines bleibt: die Person, die ich bin. Mein Weg, mein Rucksack, mein Schmerz, meine Entscheidungen – mein Leben.

Ausmisten
Wer loslässt, hat beide Hände frei.

Das Leben ist die Summe unserer Erlebnisse und Erfahrungen. Je mehr wir davon sammeln, desto kompletter fühlen wir uns – vermeintlich. In Wahrheit machen sie uns nämlich auch träge, da Eindrücke und materielle Dinge mit der Zeit zur Last werden, wenn wir sie nicht immer wieder aussortieren.

Deine innere Freiheit ist vergleichbar mit einem Heißluftballon, der höher steigt, desto mehr Ballast du abwirfst. Es ist für deine persönliche Entwicklung wichtig, immer wieder stehen zu bleiben, innezuhalten und dich zu fragen, welche Dinge, Fragen und Menschen du weiterhin mitnehmen möchtest und welche nicht.

Stell dir vor, du stehst auf einer Türschwelle zwischen zwei Räumen. Der hinter dir ist die Vergangenheit, und vor dir liegt die Zukunft. Was möchtest du mitnehmen und was vielleicht zurücklassen oder im nächsten Schritt loswerden? Das Bewusstsein über deinen Weg und das regelmäßige Innehalten trainieren dich, deinem Gefühl zu vertrauen. Sie werden dir helfen, dein Leben frei zu gestalten.

ÜBUNG
Entrümpeln schafft nicht nur Übersicht und Struktur, sondern sorgt auch für einen Frühjahrsputz in deiner Psyche. Nimm dir am besten einen Bereich deines Lebens vor, den du ausmisten möchtest. Vielleicht schiebst du es schon lange vor dir her, dich endlich von einigen Bekannten loszusagen, die dir nicht guttun? Dem Chaos in deiner Wohnung beizukommen? Mit deinen Eltern ein klärendes Gespräch zu führen? Jeder hat Orte, an denen

noch Unordnung herrscht, doch nur die wenigsten verstehen, dass diese kleinen Unordnungen oft für negative Gefühle verantwortlich sind. Unterbewusst beeinflussen das Chaos und das Verdrängen der Aufgabe unsere Psyche und führen zu Stress.

Doch heute ist der richtige Tag, dich dem Chaos zu stellen! Fokussiere dich zunächst auf einen kleinen Teilbereich, also beispielsweise ein paar Kontakte, die du endlich aus deinem Handy löschst, eine Schublade in der Küche, die du ausmistest, oder eine Aufgabe, die deine Eltern dir übertragen haben, die du eigentlich aber nicht machen möchtest. Sag sie ab – und zwar ohne dich zu erklären. Du bist niemandem Rechenschaft schuldig, außer dir selbst. Meist hat es psychische Gründe, wenn wir etwas lange nicht loslassen können. Die bewusste Entscheidung, etwas zu entsorgen oder zu ordnen, verleiht dir das Gefühl von Kontrolle und Macht, bringt Sicherheit und sorgt dafür, dass du dich besser fühlst. Und noch etwas: Der beste Moment, damit zu beginnen, ist genau *jetzt*.

Nüchtern betrachtet ist alles Gewohnheit

Peer

Was haben Michelle Obama, Elon Musk und der Dalai Lama gemeinsam? Sie haben alle drei auf die Frage, was ihr Geheimnis eines glücklichen Lebens ist, geantwortet: «Ich kontrolliere meine Gewohnheiten.»

Als ich das zum ersten Mal hörte, war ich verblüfft. Ich hatte mich damals noch nicht bewusst mit dem Thema auseinandergesetzt und dachte: Das soll alles sein? Gewohnheiten kontrollieren? Ist doch ein Klacks, das kann ich auch.

Ich begann zu recherchieren und fand heraus, dass Gewohnheiten im Grunde eine ziemlich praktische Sache sind. Das menschliche Gehirn ist nämlich daran interessiert, so wenig Energie wie möglich zu verbrauchen. Wenn wir Tätigkeiten wiederholen, merkt sich das Gehirn den Ablauf oder die Handlung, um zukünftig weniger Energie dafür aufzuwenden. Es bildet eine neuronale Autobahn, die immer dann befahren wird, wenn wir die Tätigkeit ausführen, beispielsweise Schuhe zubinden, Fahrrad fahren oder Kartoffeln schälen. Für uns ist das gut, denn wir müssen nicht mehr darüber nachdenken, wie wir Schuhe zubinden, Fahrrad fahren oder Kartoffeln schälen, sondern können uns währenddessen in Ruhe überlegen, wo wir den Haustürschlüssel hingelegt haben, wie unser nächster Urlaub aussehen soll, oder wir komponieren eine hübsche Melodie, während wir den Salat zubereiten. Durch die Gewohnheit oder die Routine werden also Kapazitäten vom Bewussten ins Unbewusste verschoben und damit frei. Wir können diese Kapazitäten anderweitig verwenden – häufig für spannendere Überlegungen oder Ideen.

Das Ganze hat natürlich auch einen Nachteil; denn auch, wenn es schön ist, dass wir Fahrradfahren beispielsweise nicht mehr verlernen oder morgens keine Gedanken darauf verschwenden müssen, welche Reihenfolge im Bad nun eigentlich sinnvoll ist (Föhnen, Zähne putzen, Duschen – oder umgekehrt?!), beeinflussen unsere Gewohnheiten auch dann unsere Handlungen, wenn wir es nicht wünschen. Bei schlechten Gewohnheiten zum Beispiel. Die werden wir nur mühsam wieder los, weil sich Routinen nun mal im Unbewussten befinden und das alte Programm abspielen, auch wenn wir uns eigentlich anders verhalten wollen.

Mit schlechten Gewohnheiten kenne ich mich aus. Ich war Trinker und hatte mir angewöhnt, zu beinahe jedem Anlass zur Flasche oder zum Glas zu greifen. Ich trank Alkohol, wenn ich glücklich oder traurig war, wenn ich Stress mit der Freundin oder Erfolg im Beruf hatte, an guten und an schlechten Tagen. Jeden noch so unterschiedlichen Anlass koppelte ich quasi mit meiner Gewohnheit. In meinem Gehirn bildeten sich dabei jedes Mal diese neuronalen Autobahnen, von denen ich schon sprach. Und weil die aus dem bewussten Teil des Denkens in den unbewussten verschoben wurden, war es ein unglaublich schweres Unterfangen, diese Wege wieder «zurückzubauen» und vom Alkohol loszukommen.

Der Tag, an dem es mir zum ersten Mal in meinem Leben gelang, meine Gewohnheit Alkohol zu kontrollieren, wird mir für immer im Gedächtnis bleiben.

Es ist der 13. Juli 2014, 23 Uhr 39 mitteleuropäischer Zeit. Im Maracanã-Stadion in Rio de Janeiro passt Toni Kroos von der Mittellinie auf André Schürrle. Der lässt auf der linken Außenbahn zwei Argentinier einfach stehen und flankt ins linke Eck des Fünfmeterraums, wo Mario Götze einläuft. Er nimmt den Ball mit der Brust an und donnert ihn ins argentinische Tor. Er macht es! Götze schießt das Tor! Deutschland wird zum vierten Mal Fußballweltmeister. Das Land wird in einen kollektiven Freudenrausch katapultiert und lässt die Korken knallen.

Ich hingegen sitze im brandenburgischen Lindow in der Entzugsklinik. Aufenthaltsraum, stickige Luft. Das Fenster ist gekippt, nach Götzes Tor liegen wir uns in den Armen. Dann bemerke ich, dass ich einen trockenen Mund habe. Und instinktiv denke ich an ein Glas Wasser.

Nicht an ein Bier. Nicht an einen Wein. Sondern an Wasser.

Es war das erste Mal in vielen, vielen Jahren, dass ich Fußball, aber auch Freude und Glück nicht mit Alkohol in Verbindung brachte. Weihnachten, Silvester, Feiern waren immer mit Saufen verknüpft gewesen. Doch in diesem Moment in der Entzugsklinik bemerkte ich, dass nicht nur mein Körper, sondern offenbar auch mein Gehirn dem Alkohol entsagt hatte.

Der körperliche Entzug dauert beim Alkohol «nur» drei Tage. Dann kommt die Entwöhnungsbehandlung, und die braucht deutlich länger. Hier geht es wirklich darum, die Gewohnheiten zu verändern. Als ich das begriff, hatte ich das Gefühl, die Welt aus neuen Augen zu betrachten. Denn ich kapierte: Ich kann mich verändern, wirklich und tatsächlich verändern. Nicht nur beim Alkohol, auch bei allem anderen.

Ich hatte den Eindruck, zum ersten Mal nach langer Zeit wieder Einfluss auf mein Leben zu haben. Stück für Stück übte ich es, neue Gewohnheiten zu etablieren – nicht nur alte, schlechte abzulegen, sondern auch die Dinge in mein Leben zu holen, die ich mir wünschte. Um ins Handeln zu kommen, ist Glück ein wichtiger Motivator. Also suchte ich meine neuen Gewohnheiten nach einem einfachen Muster aus: Sie mussten mich glücklich machen. Bis heute empfinde ich großartige, angenehme Gefühle, wenn ich meine Gewohnheiten pflege.

Das hört sich ziemlich einfach an. Kusmagk hört auf zu trinken, hat einen Geistesblitz und führt fortan ein selbstbestimmtes, gesundes Leben. Du kannst dir denken, dass es nicht ganz so abgelaufen ist, denn es heißt nicht umsonst die «Macht der Gewohnheit». Gewohnheiten sind unglaublich stark. Fünfzig Prozent aller täglichen Tätigkeiten, aber auch der meisten Gedanken, die wir haben, laufen unbewusst und nach dem Prinzip der Gewohnheit ab. Das bedeutet, dass die Art, wie du mit Menschen umgehst, wie du arbeitest, wie du deinen Körper behandelst und so weiter, von deinen Gewohnheiten abhängig ist. Kurzum: Hast du dir angewöhnt, nicht joggen zu gehen, merkt sich das dein Gehirn. Wenn dann morgens der Wecker klingelt, den du dir extra früher gestellt hast, um endlich dein Vorhaben in die Tat umzusetzen, drehst du dich erst mal um und schläfst weiter. Passiert das dreimal hintereinander, wird es schwer, noch mal aus dem Quark zu kommen. Es kostet dein Gehirn und deinen Körper eben mehr Energie, den Hintern tatsächlich hochzubekommen, als liegen zu bleiben.

In zwischenmenschlichen Beziehungen läuft es ähnlich ab. Mir fiel es früher schwer, respektvolle Partnerschaften auf Augenhöhe zu führen. Ich komme aus bürgerlichen Verhältnissen, dem Arbeitermilieu, und dort war es gang und gäbe, Frauen auf eine bestimmte Art und Weise zu behandeln – die war nicht unbedingt von Respekt geprägt. Das bemerkte ich damals natürlich nicht, für mich war es ja normal, einer Frau eine bestimmte Rolle in der Gesellschaft zuzuordnen. Ich hatte so oft gesehen, wie einige Männer aus meinem kindlichen Umfeld mit ihren Frauen umgingen, dass es für mich der natürliche Weg war und ich ihn schlicht und einfach imitierte. Aus diesem Grund war ich zu den Frauen in meinem Leben nicht immer fair und behandelte sie nicht so, wie sie es verdient hätten.

Dann lernte ich Janni auf einer einsamen Insel kennen. Sehr pur, unverstellt und ohne Einflüsse. Nackt. Ich zeigte, wenn man so will, unbekleidet und vor paradiesischer Kulisse mein eigentliches Wesen. Das war mein Glück, denn den «alten» Peer in seiner gewohnten Umgebung und mit seinen eingeübten Gewohnheiten hätte Janni sicher nicht gewollt. Vielleicht ist die Art unseres Kennenlernens deshalb auch das Fundament der tiefen Liebe, die wir zueinander empfinden. Wir konnten buchstäblich nichts voreinander verstecken und öffneten füreinander die Herzen.

Dort, tief in meinem Inneren, bin ich immer schon genau so gewesen, wie ich mich in meinen besten Momenten gab: offen, modern, unkonventionell. Doch die Gewohnheiten machten aus mir einen anderen. Jemanden, der Frauen nicht respektvoll behandelte und manchmal verbal die Keule rausholte.

Als wir aus Tahiti in die Normalität zurückkehrten, wurde mit einem Mal alles anders. Ich war wieder in meinem gewohnten Umfeld, und damit änderte ich auch mein Verhalten Janni gegenüber. Eines Tages sagte sie zu mir: «Das ist ja alles gut und schön, und ich liebe dich wirklich, aber ich habe auf der Insel dein Wesen gesehen, als wir uns dort allein in der Natur begegnet sind. Aber was du hier in Berlin für Gewohnheiten etabliert hast, geht irgendwie gar nicht. Und Kinder können wir so auf keinen Fall bekommen.»

Heute weiß ich, dass ich auf Tahiti ein anderer war, weil es einen bestimmten Auslöser braucht, um eine Gewohnheit in Gang zu setzen. Zu Hause in Deutschland wurde mein Gehirn wieder daran erinnert, wie ich mit Frauen manchmal umging, und prompt setzte der Automatismus ein. Unter den Umständen, unter denen wir uns kennengelernt hatten, hatte es keine Auslöser gegeben. In Kreuzberg wimmelte es jedoch davon, weshalb ich auch wieder in mein altes Verhalten verfiel – leider nicht nur in Bezug darauf, wie ich meine Freundin behandelte, sondern auch in Sachen Alkoholkonsum. Für Janni muss das ein Schock gewesen sein. Der nette Typ von der Insel entpuppte sich plötzlich als Arsch mit Ohren.

Ich begriff, dass ich etwas ändern musste, wenn ich diese tolle Frau nicht verlieren wollte. Und ich verstand vieles, was ich in vergangenen Beziehungen falsch gemacht hatte – aus Gewohnheit. Es sollte jedoch noch bis zum 13. Juli 2014 dauern, bis ich ein für alle Mal kapierte, dass die Gewohnheiten nicht mich kontrollieren, sondern dass ich sie steuern kann. Es war so ein unglaublich mächtiger Moment, der mein Leben von Grund auf veränderte. Seitdem entscheide ich selbst, welche Gewohnheiten ich etablieren und praktizieren will und welche nicht.

Das kannst auch du, denn dein Gehirn ist so aufgebaut wie meines und das der restlichen 7,8 Milliarden Menschen auf diesem Planeten (bis auf einige Ausnahmen vielleicht). Wenn du also davon träumst, sportlicher zu werden, solltest du damit anfangen, neue Gewohnheiten zu etablieren. Das bedeutet: Raus aus den Federn und rein in die Joggingschuhe, am besten, ohne lange darüber nachzudenken. Die ersten Male ist es sicherlich eine

Überwindung, aber schon nach einer Woche fällt es leichter, und nach drei Wochen denkst du schon gar nicht mehr darüber nach, ob du stattdessen auch liegen bleiben könntest. Dein Frühsport ist zur Routine geworden, der Auslöser ist das Klingeln des Weckers.

Wenn du verstanden hast, dass du der Kapitän auf deinem Schiff bist und nicht etwa die Gewohnheiten das Steuer in der Hand halten, wirst du damit dein ganzes Leben verändern. Was beim Joggen oder Essen oder Trinken funktioniert, klappt nämlich auch beim Glücklichsein. Ja, man kann sich auch daran gewöhnen, fortan glücklich zu sein. Denn Glück ist (auch) Gewohnheitssache.

Ich habe bewusst Gewohnheiten in meinem Leben etabliert, die Glückshormone produzieren. Das Laufen gehört dazu, aber auch Dankbarkeits- und Achtsamkeitsübungen. All diese Tätigkeiten schütten Endorphin, Dopamin, Oxytocin oder Serotonin aus, und ich kann dir sagen, diese körpereigenen Stoffe sind so viel besser als jedes Glas Alkohol.

Der Witz an der ganzen Sache ist: Diese Erkenntnisse sind beim besten Willen nicht neu. Warum handeln dann nicht viel mehr Menschen so? Wieso sind nicht viel mehr Leute glücklich, sondern hängen mit Typen wie meinem alten Ich in Entzugskliniken ab? Ich kann es dir sagen: weil sie es nicht wahrhaben wollen.

Bestes Beispiel dafür ist Ursula, eine etwa fünfzigjährige Frau, deren Kinder sie in die Klinik eingewiesen hatten und die während des legendären WM-Endspiels 2014 neben mir saß. Ursula haderte mit ihrem Schicksal. Noch während der ersten Halbzeit versuchte sie mich in ein Gespräch zu verwickeln (Deutschland spielt gegen Argentinien, im Endspiel, und sie quatscht mich von der Seite an ... die Frau hatte auf jeden Fall Nerven).

«Ich weiß gar nicht, warum ich hier bin», jammerte sie. «Ich trinke doch gar keinen Alkohol.»

«Na ja», gab ich zu bedenken, «das kann ja irgendwie nicht sein, oder?»

«Nein, niemals trinke ich!», empörte sie sich.

«Aber aus irgendeinem Grund haben deine Kinder dich doch hergebracht.»

«Pöh!», machte sie beleidigt.

In der Halbzeitpause beobachtete ich zufällig, wie Ursula eine Flasche Klosterfrau Melissengeist aus ihrer Tasche zog, sich ein halbes Glas davon eingoss, den Kopf in den Nacken legte und das Zeug exte. Wir reden hier von 80-prozentigem Fusel im Gewand einer Medizinflasche. Ich beobachtete Ursula aus dem Augenwinkel und sprach sie an: «Was machst du da?»

«Ach, das ist nur für die Nerven. Wegen dem Fußballspiel.»

Ich staunte nicht schlecht. «Wie oft machst du das denn?»

Sie zuckte mit den Schultern. «Das ist so eine Gewohnheit geworden. Morgens trinke ich ein Schlückchen, um entspannt in den Tag zu starten, und abends, um besser einzuschlafen.»

Wie gesagt: 100 Milliliter 80-prozentigen Alkohols, davon zweimal täglich – und ohne es bewusst wahrzunehmen.

In Erinnerung geblieben ist mir auch ein Pilot, der in meiner Gruppe war und mir am Anfang der Behandlung stolz eine App zeigte, die er selbst entwickelt hatte. Mithilfe der App konnte er ausrechnen, wann er aufhören musste, Gin Tonic zu saufen, wenn er in der Nacht noch nach Shanghai flog, nur für den Fall, dass dort eine Alkoholkontrolle auf ihn wartete. Dieser Mann, dem immerhin Menschenleben anvertraut wurden, ließ sich von einem Programm sagen, wie schnell der Alkohol in seinem Blut abgebaut wurde, damit er seinen Job nicht verlor. Echt irre, wenn man das so hört, oder?

Auch den Arzt aus der Charité kann ich seit meinem Aufenthalt in Lindow nicht vergessen. Er erklärte mir freimütig: «Ich musste morgens trinken. Die Entzugserscheinungen waren so heftig, dass ich das Skalpell nicht hätte halten können, wenn ich nicht vor dem Frühstück schon was getankt hätte.»

Ich sage es nicht gern, aber der Kerl war Kardiologe. Also fragte ich ihn: «Willst du mir gerade erklären, dass du die letzten Jahre besoffen Herzoperationen durchgeführt hast?»

Er nickte schuldbewusst und schwieg.

Dass Alkoholismus keine gute Gewohnheit ist, sollte hiermit ein für alle Mal klar geworden sein. Wir neigen jedoch dazu, uns auch an unsere schlechten Gewohnheiten so sehr zu gewöhnen, dass wir sie für normal halten. Deswegen trinken Kardiologen vor dem ersten Schnitt, deshalb fliegen Piloten mit ordentlich Promille im Blut bis nach China, aus diesem Grund hielt Ursula den Melissengeist nicht für Alkohol, sondern für ein Beruhigungsmittel. Wir reden uns schön, was wir nicht wahrhaben wollen. Irgendwann aber ist es Zeit zu erwachen. Die Augen zu öffnen und sich einzugestehen: Das geht auch anders. Dein Gehirn und dein Körper sind auf jeden Fall in der Lage dazu. Wenn es dir gelingt, deine ungeliebten Gewohnheiten aus deinem Leben zu verbannen und Dinge, die du dir wünschst, in deinem Alltag zu etablieren, wirst auch du das Geheimnis eines glücklichen Lebens kennenlernen.

Gewohnheiten beschreiben den Prozess des Gehirns, Abläufe im Unterbewusstsein zu speichern und automatisiert durchzuführen. Über besonders oft und regelmäßig ausgeführte Handlungen müssen wir so nicht mehr nachdenken, sparen Energie und haben so Kapazitäten für andere Abläufe frei. Regelmäßige Handlungen, die negative Auswirkungen oder Folgen für unser Leben haben, lassen sich, wenn sie erst mal zur Gewohnheit geworden sind, nur schwer wieder rückgängig machen. Der Griff zur Chipstüte auf der Couch, der Blick aufs Handy bei Langeweile oder die Lust nach Alkohol in bestimmten Situationen – das alles sind Gewohnheiten. Sie funktionieren immer nach dem gleichen Schema:

Gewohnheitskreislauf

Auslöser
Ein bestimmter *Auslöser* löst eine Handlung aus

Reaktion/Aktion
Auf gewisse Auslöser *reagieren* wir immer auf die selbe Weise

Gewohnheit

Belohnung
Die ausgeführte Handlung führt zu einer *Belohnung*

Abbildung 1: Beispiel für eine negative Gewohnheit

Im Beispiel hier löst das Klingeln des Weckers (Auslöser) eine Reaktion aus, den Griff nach dem Handy. Die Belohnung erfolgt sofort: Wir erhalten eine Bestätigung durch Freunde in den sozialen Netzwerken oder Unterhaltung.

Um negative Gewohnheiten zu verändern, reicht es nicht, die Belohnung zu ändern oder die schlechte Gewohnheit durch eine gute zu ersetzen. Zunächst sollte man den Auslöser identifizieren und die Verbindung zwischen ihm und der Reaktion kappen. Dieser Prozess ist Übungssache und benötigt Achtsamkeit, um dem auslösenden Gefühl Raum zu geben und das Verlangen nach der Belohnung zu verstehen.

Gewohnheitskreislauf

Auslöser
Ein bestimmter *Auslöser* löst eine Handlung aus

Reaktion/Aktion
Wir müssen auf Auslöser *reagieren* – immer auf die selbe Weise

STOPP!!!

Gewohnheit

Belohnung
Die ausgeführte Handlung führt zu einer *Belohnung*

Zu Hause in dir

«Was? Der gehört dir?»

Ich erinnere mich noch genau daran, wie stolz ich war, als ich Janni zum ersten Mal mein Restaurant zeigte. Vor der Tür auf der Straße stand nämlich ein wahres Schätzchen, mein alter, geliebter Citroën HY, Baujahr 1956. Ein silberner Oldtimer-Kleintransporter mit weißem Dach und ulkigen Außenspiegeln, die ihn wie ein freundliches Insekt aussehen ließen. Die Karosserie war aus gewelltem Metall und machte richtig was her.

Der Bus war für mein Restaurant wie ein Talisman und natürlich auch ein Hingucker und Werbebotschafter. Er erinnerte mich an meine Zeit in Frankreich, war ein Symbol für meine Unabhängigkeit damals. Auch heute spüre ich jedes Mal einen Hauch von Freiheit, wenn ich den Bus erblicke. Theoretisch könnte ich jeden Moment in den Wagen steigen und abhauen, denn der Citroën ist zum Wohnwagen umgebaut. Das gefiel natürlich auch meiner neuen Liebe Janni.

«Ist der denn einsatzbereit?», wollte sie wissen.

«Klar», antwortete ich im Brustton der Überzeugung. «Mit dem können wir einmal um die Welt reisen.»

Das stimmte ... bedingt. Von außen sah der Citroën zwar tipptopp aus, aber im Motor gab es einige, sagen wir, Verbesserungspotenziale. Retrospektiv muss ich sagen, dass der Bus und mein damaliges Ich einige Gemeinsamkeiten hatten.

Ich erklärte Janni, wie wichtig der Wagen für mich sei. Er stand für meinen Plan B, wenn mir eines Tages alles zu viel oder mein Restaurant nicht mehr laufen würde. Dann könnte ich einfach losdüsen. Zumindest in der Theorie.

Janni war erst seit ein paar Tagen bei mir in Berlin. Ich hatte sie nächtelang durch Clubs und die Szene geschleppt und mit ihr (und vor ihr) angegeben, wie man das eben so macht als großer Macker.

Nur dass ich mir ihre Reaktion wohl irgendwie größer ausgemalt hatte, als sie in Wahrheit ausfiel. Als Mann denkt man ja, dass Frauen genauso auf alte Autos reagieren wie man selbst. Nun begriff ich, dass meine Vorstellung wohl eher vom Pirelli-Kalender und meinem Wunschdenken als von einer realistischen Einschätzung geprägt worden war. Kurzum: Janni war mäßig beeindruckt.

Unglücklicherweise konnte ich sie bei der nachfolgenden Probefahrt auch nicht überzeugen, dass der Citroën genau das richtige Gefährt wäre, um mit ihm und unseren siebenundzwanzig Kindern, die wir bald bekommen würden, den Globus zu bereisen. Man sitzt in dem Ding nämlich quasi auf dem Motor. Das heißt, es ist laut im Innenraum – sehr laut. Und heiß. Es war ein schöner Sommertag, angenehme 25 Grad Außentemperatur, doch das Wageninnere mutierte binnen kürzester Zeit zu einem Backofen. Selbst das hätte Janni vermutlich irgendwie verkraftet. Dass im Fond jedoch immer wieder Obdachlose übernachteten, weil das Schloss der Heckklappe nicht richtig funktionierte, kam bei ihr nicht gut an.

Das stärkste Argument gegen eine Weltreise mit dem Citroën lieferte aber der Wagen selbst. Bei alten Autos kommt es nach langem Stehen immer wieder zu Fehlzündungen. Wir fuhren also durch Kreuzberg, ich verliebt und gedanklich schon bei unseren romantischen Abenteuern, Janni schwitzend und genervt und kein bisschen auf meiner Wellenlänge, da machte es plötzlich sehr laut: «Peng!» Janni schrak zusammen. Da wurde auch schon die nächste Salve aus dem Motorraum abgefeuert: «Peng! Peng-peng-peng!»

«Was ist das?!»

«Fehlzündungen», beschwichtigte ich über den Lärm. «Ganz normal.»

«Aha.» Janni sah alles andere als überzeugt aus.

In diesem Moment fiel mir der Citroën in den Rücken: Er blieb einfach stehen. Leider, muss ich sagen, nicht zum ersten Mal. Denn auch, wenn der Wagen bildschön war: Zuverlässigkeit war nicht gerade seine große Stärke.

Während wir gegen die Karosserie gelehnt auf den ADAC warteten, Janni mit vor der Brust verschränkten Armen, ich immer noch betont gut gelaunt, sagte sie: «Also, ich weiß ja nicht. Weltreise. Hm. Wir sind ja nicht mal bis zum Wannsee gekommen. Genau genommen haben wir es nicht mal aus dem Bezirk geschafft. Wie sollen wir mit der Karre um die ganze Welt fahren?»

Und sie stellte noch weitere unangenehme Fragen. Ob es vielleicht auch sein könne, dass es mir viel weniger um eine Abenteuerreise ginge als um eine Flucht vor der Realität?

Autsch. Wenn einem die Wahrheit so um die Ohren gehauen wird – selbst wenn es mit sanften Worten geschieht –, kann das ganz schön wehtun.

Jannis Fragen stimmten mich nachdenklich. Ich musste zugeben, dass der Citroën für mich tatsächlich ein Fluchtwagen war, und zwar für die Flucht vor mir selbst. Wenn man immer einfach abhauen kann und nie im Moment bleibt, muss man sich nämlich nicht fragen: Bin ich wirklich glücklich? Oder ist es nur das Bild, das ich nach außen hin präsentiere? Klar, ein erfolgreicher Gastronom und bekannter Schauspieler sieht auf den ersten Blick glücklich aus. Aber war ich das auch innerlich? Zu diesem Zeitpunkt war mir gar nicht bewusst, dass es einen Unterschied zwischen dem äußeren und dem inneren Glück geben könnte.

Doch Janni durchschaute mich, denn in der Vergangenheit war ich immer, wenn ich mal einen Moment lang hätte genießen und zur Ruhe kommen können, kurz davor gewesen, in den Bus zu steigen und abzuhauen. Ich wollte stets vor dem Gefühl flüchten, mich zu hinterfragen.

«Ich glaube, dir fehlt etwas», beendete sie schließlich ihre präzise Analyse, «etwas, das du in der Ferne vermutest. Ich glaube nicht, dass du es dort findest, aber ich liebe dich, und deswegen können wir gern die ganze Welt bereisen, um den Ort zu suchen.»

Und so reisten wir los. Nicht im Citroën, das hatte mittlerweile sogar ich eingesehen. Wir reisten um die halbe Welt, immer auf der Suche nach dem perfekten Ort, um glücklich zu sein. Wir waren auf Kuba, in Costa Rica, auf Sri Lanka, auf Mauritius, den Malediven und vielen anderen wunderschönen Flecken der Welt. Wie bei «Herr Rossi sucht das Glück».

Auf unserer Reise trafen wir unglaublich viele Menschen, die uns einiges lehrten. Immer dann, wenn wir auf jemand besonders Glücklichen stießen, fiel uns auf, dass diese Person auch besonders dankbar war. Es musste also einen Zusammenhang zwischen Dankbarkeit und dem Gefühl, glücklich zu sein, geben. Vor allem auf Sri Lanka, der Perle im Indischen Ozean, fiel uns das auf. Dort kamen uns die Menschen ausgesprochen dankbar vor, was sicher auch mit dem Glauben des Landes, dem Buddhismus, zusammenhängt.

Selbst auf Kuba begegneten wir Leuten, die einen sehr glücklichen Eindruck machten, obwohl sie so wenig hatten. Kuba ist ein sehr armes Land, auch wenn uns die Bilder der amerikanischen Oldtimer in Pastellfarben und die permanent scheinende Sonne ein anderes Bild vermitteln. Das Geheimnis der kubanischen Zufriedenheit ist jedoch nicht das Wetter, sondern die tiefe Dankbarkeit der Kubaner dem Leben gegenüber.

Dort, in der Karibik, begriffen wir etwas Entscheidendes: Nicht die Glücklichen sind dankbar, sondern die Dankbaren sind glücklich. Es verhielt sich also genau umgekehrt, als ich immer gedacht hatte. Fischer, Bauern, Leute vom Land, die in einfachsten Verhältnissen lebten und nicht mal einen Bruchteil von dem besaßen, was eine durchschnittliche europäische Familie ihr Eigen nennt: Sie waren glücklich, weil sie dankbar waren.

Eine der schönsten Erinnerungen an unsere Reise habe ich an einen Ausflug auf Sri Lanka. Wir besuchten einen Zimtbauern und ließen uns von ihm zeigen, wie er arbeitet. Für die Gewinnung von Zimt wird die Rinde des Zimtbaums vom Stamm getrennt und getrocknet, dabei rollt sie sich in ihre typische Form zusammen, die wir aus dem Supermarkt kennen. Dieser Zimtbauer also tat den lieben langen Tag nichts anderes, als Rinde vom Baum zu schälen und sie zum Trocknen auszulegen. Und er war so glücklich darüber, dass er diese Arbeit hatte, genug zu essen und eine bescheidene Hütte auf dieser schönen Insel, dass ich beinahe angefangen hätte zu heulen.

Uns begegneten auf unserer Reise auch Mönche, die jeden Tag bewusst Dankbarkeit praktizierten, und zwar für das, was sie hatten. Ein großer Unterschied zur westlichen Welt, ging mir in diesem Moment auf, denn unsere Gedanken drehen sich sehr häufig um das, was wir nicht haben oder uns wünschen. Wann aber sind wir wirklich einmal nur im Moment und erfüllt von Dankbarkeit? Kein Wunder, dass sich nur bei einigen von uns ein echtes Gefühl der inneren Zufriedenheit einstellt.

Ich weiß heute, dass das Leben ein fortwährender Prozess ist, der sich mit materiellen Dingen nicht festhalten lässt. Deswegen verkauften wir auch Jahre später wieder das Haus, in dem wir wohnten, weil wir spürten, dass die vielen Quadratmeter uns mehr einschränkten als befreiten. Dass uns all die Dinge, die wir mittlerweile angeschafft hatten, keine Freude bereiteten, sondern unter Druck setzten. Wir waren eine Zeit lang zufrieden in Berlin am Müggelsee, später im Ökohaus in Potsdam, aber die Unabhängigkeit von diesen Orten machte uns noch viel zufriedener und glücklicher als das Leben an den Orten selbst. Es hat uns enorm befreit, unser schönstes Zuhause in uns selbst zu finden.

Materielle Dinge sind kein Garant für ein glückliches Leben – im Gegenteil. Das erlebte ich am eigenen Leib, als ich mich dazu entschloss, den Citroën loszuwerden. Jahre vorher wäre das ein Ding der Unmöglichkeit gewesen. Nun aber, nach unserer langen Reise um die Welt und zu uns selbst, nachdem wir unser Zuhause in uns gefunden hatten, fiel es mir leicht. Ich wusste ja, warum ich ihn gehabt hatte – als Fluchtwagen aus meinem eigenen Leben. Aber aus einem glücklichen, zufriedenen Leben muss man nicht flüchten. Man möchte bleiben. Am liebsten für immer.

Visionen

Vision ist die Kunst, unsichtbare Dinge zu sehen.

JONATHAN SWIFT

Das eigene kleine Café, eine Finca auf Mallorca oder die Reise rund um den Globus: Jeder von uns hat Träume und Visionen, Vorstellungen, was er vom Leben noch erwartet.

Dieses Traumbild Realität werden zu lassen, kann nicht nur starker Antrieb für das eigene Tun, sondern vor allem der Weg in ein erfülltes Leben sein. Allein die Vorstellung gibt uns Kraft und motiviert unser Handeln in allen Lebensbereichen. Da Visionen jedoch oft von subjektiven, teils auch geschönten Vorstellungen geleitet sind, solltest du die Realisierbarkeit und die tatsächlichen Vorteile für dein Leben abwägen und einschätzen können.

ÜBUNG

Ein Vision Board ist eine Collage aus Fotos, Zeichnungen, Gegenständen und Stichworten, die dir hilft, deine Vision Wirklichkeit werden lassen. Stück für Stück fügst du deinen Traum wie ein Puzzle zusammen und lässt ihn in deinen eigenen vier Wänden wahr werden. Diese Praxis und die Beschäftigung mit einer Vision unterstützen dich dabei, deinem Traum ein Stück näher zu kommen und die reale Umsetzung abzuwägen. Hänge dein Vision Board an möglichst prominenter Stelle zu Hause auf und lass dich so immer wieder von deinen eigenen Vorstellungen für dein Leben inspirieren.

Wer Ja sagen will, muss lernen, Nein zu sagen

Janni

Und dann stand ich da, am Müggelsee, in der wunderschönen Abendsonne. Ich wusste nicht so recht, was mich dort erwartete. Peer war mitsamt seiner blau-weiß karierten Bommelmütze zu einem Fußballspiel seines Lieblingsvereins in die Stadt gezogen. Ein Freund hatte mich zu diesem Strandbad gefahren. Aber was wollte ich hier? Es war alles ziemlich eigenartig. Ein Geheimnis lag in der Luft. Doch seitdem ich mit Peer zusammen war, wusste ich, dass das Leben voller Überraschungen steckte, also sorgte ich mich nicht.

Ich lief auf ein Tor zu, aus dem Schatten direkt hinein in das goldene Licht der Maisonne. Am oberen Absatz einer Treppe blieb ich stehen. Hielt inne. Fassungslos.

Wow.

Hunderte von goldenen und silbernen Luftballons schmückten den Strand des Berliner Müggelsees. Alles war mit roten Rosen übersät, Peer stand mittendrin, barfuß, in seinem schwarzen Anzug, und strahlte mich an. Aus unsichtbaren Lautsprechern drang unser Lied, «Paradise» von Coldplay. Der Himmel war so klar, dass ich den Fernsehturm in der Ferne sehen konnte. Doch Berlin, diese quirlige, energische Stadt, hielt sich zurück in dem Moment, blieb im Hintergrund, um uns ganz sein zu lassen. Für einen Augenblick kam es mir vor, als hätte die Welt die Pausetaste gedrückt. Es gab nur Peer und mich. Alles, was ich tun musste, war, die Stufen hinuntergehen, darauf bedacht, nicht zu stolpern, um dieses einzigartige Ereignis nicht zu vermasseln.

Ich konzentrierte mich auf Peer, während ich die Treppe hinabstieg. Er war mein Fels in der Brandung, besser gesagt mein Fels in der Stadt.

Das Leben in Berlin fühlte sich immer noch neu und fremd, doch auch verlockend an. Prickelnd, voller Schwung, wie frisch verliebt. Ich spürte Tausende von Schmetterlingen in meinem Bauch, die mich flügelschlagend zum Mann meiner Träume führten. Stufe für Stufe kam ich meinem Glück näher. Bis ich angekommen war.

Wir ließen uns Zeit, hielten uns an den Händen, und unsere Blicke trafen sich wie zwei Magnete, die voneinander angezogen wurden. Unter meinem Herzen trug ich unser erstes Kind, unsere Füße waren im Sand, alles war in Gold und Silber getaucht. Einfach pure Magie.

Schließlich ging Peer in die Knie, genau, wie ich es aus zahlreichen Filmen kannte, und zog eine wunderschöne Schachtel in Muschelform mit einer Meerjungfrau obendrauf aus der Tasche. Er öffnete sie langsam und zog einen Ring heraus, dessen Diamanten und Rubine im Abendlicht funkelten.

Er hielt um meine Hand an. Und ich zögerte nicht, nicht eine Sekunde.

Danach ließen wir Luftballons in den Himmel steigen (liebe Umwelt, verzeih, wir wussten es zu diesem Zeitpunkt nicht besser!), stiegen in ein kleines Boot am Ufer und fuhren eine Runde über den rosa angestrahlten See. Ich konnte nicht aufhören zu lächeln und fühlte mich wie eine Prinzessin in einem Märchen. Einen so wundervollen Heiratsantrag hätte ich mir in meinen schönsten Träumen nicht ausmalen können. Es war einfach perfekt.

Bei unserer standesamtlichen Hochzeit zwei Monate später war ich hochschwanger. Peer war gestresst, weil er gleich danach zur Arbeit musste. In unserem Renault R4, den mir Peer geschenkt hatte, kurz nachdem wir uns kennengelernt hatten, fuhren wir zum Standesamt.

Dieses Auto bedeutete mir viel. Mit ihm machte ich die Stadt unsicher, während Peer arbeitete, sogar im Sommer, wenn es in der kleinen Kiste siedend heiß wurde. Es dauerte eine Weile, ehe ich herausgefunden hatte, dass es bei der merkwürdigen Revolverschaltung keinen fünften Gang gab. Bei der Fahrt über Kopfsteinpflaster rumpelte es im R4 so sehr, dass manchmal Asche aus dem Aschenbecher im Armaturenbrett herausflog, ein Relikt aus Peers altem Leben. Im Handschuhfach auf der Beifahrerseite befanden sich CDs von Coldplay und den Red Hot Chili Peppers, die eigentlich immer hängen blieben, wenn man sie in den CD-Player schob. Und doch liebte ich dieses Auto. Deswegen war auch klar, dass es uns zu unserer Trauung bringen würde.

Mit von der Partie war außerdem Uwe, ein zwei Meter großes Köpenicker Urgestein, ein alter Freund von Peer und in jeder Lebenssituation unaufgeregt. «So, dann woll'n wa ma», sagte er, als wir vor dem Standesamt ankamen, und nur wenige Minuten später hielten Peer und ich die Urkunde in der Hand und waren Mann und Frau.

Wir machten ein paar Fotos, auf dem einer von uns dreien entweder nicht in die Kamera schaute oder die Augen geschlossen hatte, und dann düste Peer zur Arbeit, und ich pellte zu Hause meinen dicken Bauch aus dem engen Schlauchkleid und legte die Füße hoch. Das wäre geschafft. Es war uns wichtig gewesen, noch vor der Geburt zu heiraten, um den gleichen Namen zu tragen und die langwierige Prozedur zu umgehen, Peer das Sorgerecht für das Kind zu übertragen. Und immerhin hatten wir ein wirklich cooles Datum bekommen, weil die Dame im Köpenicker Standesamt Herzflattern bekommen hatte, als ein Schauspieler von «Gute Zeiten, schlechte Zeiten» anrief und nach einem Termin fragte. So heirateten wir am 17. Juli 2017. In wirklich kleinstem Kreis, nur wir zwei, Uwe und das Baby in meinem Bauch. Uns war klar, dass wir die Feier noch einmal nachholen würden, aber es stand in den Sternen, wie und wo das geschehen würde.

Nur zwei Wochen nach unserer Eheschließung kam Emil-Ocean auf die Welt, und die Ereignisse überschlugen sich. Eine Reality-Dokumentation über unser Leben wurde ausgestrahlt, Peer war im Begriff, sein Restaurant zu verkaufen, und es gab viele Komplikationen.

Das Wochenbett verlief alles andere als geplant, denn mit der Ankunft unseres ersten Kindes stürzte eine riesige Lawine von Erwartungen auf uns, und das verliebte Paar blieb irgendwo darunter vergraben.

Wir verloren uns aus den Augen. Mir wurden Blumen gebracht, dekoriert mit kleinen Plastikschnullern, Windeltorten und Karten von Nachbarn, die wir gar nicht kannten. Doch je mehr man mich mit Dingen überschüttete, desto größer wurde die Leere in meinem Inneren. Es war lieb gemeint, aber unpersönlich und nicht das, was ich brauchte. Keine noch so freundliche Geste berührte mein Herz, ganz im Gegenteil.

Ich stand unter Schmerzmitteln, sehnte mich nach einer warmen Mahlzeit und Schlaf. Nach dem Notkaiserschnitt hatte ich

Schwierigkeiten, vom Bett bis zum Klo zu kommen, gleichzeitig wuchs der Erwartungsdruck von einigen Familienmitgliedern und von unserem Umfeld. Alle wollten etwas von Emil-Ocean haben und ihn halten, selbst der Vermieter riss ihn mir fast aus den Armen, während ich mich am liebsten in der Wohnung verkrochen und bis zum Ende aller Tage geschlafen hätte.

Eines Tages stand sogar das Jugendamt vor der Tür, das sich über den prominenten Nachwuchs freute und die Geburt zum Anlass nahm, mal einen Hausbesuch zu machen. Man wolle nur nachschauen, ob es dem «Würmchen» gut gehe, und uns daran erinnern, dass bald die nächste Untersuchung stattfinde.

Ich schaute das «Würmchen» an, wie die fremde Frau mein Kind nannte, und war sprachlos. In diesem Moment wurde mir einmal mehr bewusst, warum es Wochenbett heißt – denn genau wie ich brauchte mein Baby Ruhe, um sich in der neuen Situation zurechtzufinden. Keine fremden Stimmen, keine neuen, merkwürdigen Gerüche, kein grelles Licht. Die Welt war überwältigend und stürzte auf uns ein, und niemand fand wohl, dass es nötig war, uns vor allen Dingen den Rücken freizuhalten.

In dieser Zeit, die für uns alle neu und ungewohnt war, hatten Peer und ich unsere erste richtige Krise. Wir entfernten uns voneinander, vergaßen, was wir brauchten, und stritten immer häufiger. Was war mit dem glücklichen Paar vom Müggelsee passiert? Wohin war unser «Paradise» verschwunden, von dem Coldplay noch wenige Wochen zuvor am Strand gesungen hatte? Wo war die Leichtigkeit der ganzen Schmetterlinge, die mich getragen hatten? Wo waren wir, Janni und Peer?

Die Erwartungen von außen taten ihr Übriges. Andauernd wurden wir dazu aufgefordert, Entscheidungen zu treffen. Irgendwann kam die Frage nach einer Taufe und dem damit verbundenen Fest auf uns zu. Ja? Nein? Gab es ein Nein? Machte «man» so etwas überhaupt? Enttäuschte man damit nicht wieder jemanden?

Uns war bewusst, wie groß die Entscheidung war – nicht nur für unser Kind, vor allem für unsere Familie. Es war vielmehr die Entscheidung, ob wir ein weiterer ordentlicher Ast an einem Familienbaum sein wollten, der über Generationen stolz gewachsen war. Oder wollten wir vielleicht eine ganz neue Pflanze werden und in die Richtung wachsen, die uns gefiel? Ich erinnerte mich in dieser Zeit an die schräge Palme, an der wir immer lehnten, als wir uns auf Tahiti kennengelernt hatten. Wir hatten diesen Baum beide gemocht, weil er auf das Meer hinausragte und der Sonne entgegenwuchs.

Als wir an einem Nachmittag zu dritt auf einem Boot über den Müggelsee dümpelten, sagte ich zu Peer: «Eine christliche Taufe, weil die anderen sie von uns erwarten, fühlt sich nicht richtig an. Wie wäre es, wenn wir Emil-Ocean buddhistisch taufen? Gibt es das überhaupt?»

Peer sah mich an. Und lächelte.

Im Nachhinein kommt es mir so vor, als hätte das Feuer des Lebens unsere Kerze neu entfacht. Wir waren begeistert von der Idee. Endlich hatten wir wieder das gleiche Ziel und die gleiche Richtung. Wir holten den schweren Anker, der uns hielt, aus dem Wasser, um den Ort zu wechseln, wollten auf zu neuen Ufern. Endlich wussten wir wieder, wer wir waren, und konnten gemeinsam weitergehen.

Wenig später fanden wir heraus, dass es im Buddhismus keine Taufe gibt. Man kann erst dann Buddhist werden, wenn man den Entschluss selbst getroffen hat. Anders als bei den Christen wird der Glaube nicht von den Eltern auf das Kind gestülpt, sondern in all seinen Ritualen und der Glaubenslehre vorgelebt.

Das zu erfahren, erleichterte uns enorm. Zum ersten Mal seit langer Zeit fühlten wir uns wieder frei und wirklich verantwortlich für das Leben unseres Kindes. Denn alles lag in uns. Wir mussten uns selbst begegnen, statt zu überlegen, was Tante Helga bei der Taufparty gern essen oder ob es unsere Gäste stören würde, wenn wir keinen Alkohol servierten. Wir machten uns frei von den Erwartungen und Hoffnungen, von Taufkleidern und Taufkerzen, von Einladungen und den glänzenden Augen der Verwandtschaft. Und wir stellten uns die Frage: Was können wir unseren Kindern jeden Tag aktiv mitgeben? Woran glauben wir? Was ist uns wichtig?

Sowohl Peer als auch ich sind mit dem christlichen Glauben aufgewachsen, hatten jedoch zeit unseres Lebens mit der Kirche und ihren Bräuchen nicht viel am Hut. Ich mochte Feste wie Weihnachten und Ostern zwar immer, fand jedoch schon als Kind die Sache mit Jesus und dem Weihnachtsmann verwirrend. Wer war denn nur mein Held? Und warum? Und warum war da immer dieses Gefühl einer schweren Macht über mir, die ich nicht beschreiben konnte? Der Duft von Weihrauch, die Melodie der Orgeln, das trockene Brot, das mir am Gaumen kleben blieb, und der Wein, den die Erwachsenen symbolisch aus dem großen goldenen Krug tranken. Als Erwachsene fand ich heraus, dass vieles von dem, was ich mit der Kirche verband, nicht von den Christen, sondern von den Heiden kam.

Bis heute finde ich die Vorstellung tröstlich, dass sich Menschen in einer kirchlichen Gemeinschaft geborgen fühlen. Mich beeindrucken die imposanten Kathedralen mit bunten Mosaikfenstern oder Skulpturen, die ich bereits auf der ganzen Welt gesehen habe. Doch ich brachte einfach nicht zusammen, was das alles mit Emil-Ocean zu tun hatte, dem «Würmchen». Und ich konnte ihm doch nicht etwas mit auf den Weg geben, das ich selbst nicht verstand. Viel wichtiger war mir, dass er eines

Tages seine eigene Spiritualität, vielleicht sogar seinen Glauben fand.

Da wir Emil-Ocean nicht buddhistisch taufen lassen konnten, entschieden wir uns für ein anderes Ritual: Wir würden buddhistisch heiraten. Im Sonnenaufgang an der Ostsee, denn wir wollten mit der Sonne aufgehen und gemeinsam in die Zukunft blicken, statt nach zu viel Schnaps unter dem Tisch zu versacken oder heulend auf dem Klo zu sitzen, weil sich Onkel Gustav den schlechten Witz über den Bräutigam nicht hatte verkneifen können. Wir wollten keine Entführungsspielchen über uns ergehen lassen oder unser ganzes Geld für einen einzigen Abend auf den Kopf hauen. Lieber wollten wir von unseren Ersparnissen die Welt bereisen und sehen, was es da draußen noch so alles gab.

Aufgeregt war ich am Tag der Trauung trotzdem. Ich befestigte um fünf Uhr morgens kleine Blüten mit Klammern in meinem Haar und schlüpfte in ein zeitloses Hippiekleid, auf das in goldenen Fäden der Spruch «Marry me on the beach» gestickt war. Eine gute Freundin hatte es für mich designt und aus Ibiza mitgebracht. Ich erinnerte mich an die Fotos, die sie mir geschickt hatte, Aufnahmen von Delfinen, die das Boot, auf dem sie auf die Insel fuhr, auf dem Meer begleiteten. Es kam mir vor, als wäre die Freiheit des Meeres tief in den Stoff eingesickert. Wenn ich die Augen schloss und den Stoff auf meiner Haut fühlte, meinte ich, sie zu spüren.

Schuhe brauchte ich keine, wir waren ja am Strand. Als die Sonne aufging und ich mit dem ersten Licht des Tages am Ort unserer Trauung ankam, konnte ich Peers Silhouette sehen, der mit einem Zylinder aus Stroh und in einem weißen Anzug auf einer kleinen Düne stand und auf mich wartete. Auch wenn es eigentlich noch zu dunkel war, um sein Gesicht zu erkennen, konnte ich sehen, dass er lächelte, denn sein ganzes Wesen strahlte.

Ich ging langsam auf ihn zu und genoss das Gefühl des kühlen Sandes zwischen meinen Zehen. Es würde heute warm werden, und ich freute mich auf den Moment, nachher in Unterwäsche ins Meer zu springen.

An diesem Morgen auf der Düne in Heiligenhafen fühlte ich mich nicht so wie bei Peers Hochzeitsantrag am Müggelsee und auch nicht wie im Standesamt in Köpenick. Es war ein anderes Gefühl. Das hier, das waren wir. Es war ein neuer Weg, es war der unsere.

Wir hatten einen Hochzeitsredner gewählt, der eine buddhistische Hochzeitsrede vorbereitet hatte. Patrick führte hauptberuflich einen Bio-Bauernhof auf Fehmarn, und in seiner Freizeit traute er Paare. Er war unaufgeregt und trotzdem feierlich und wählte wundervolle Worte für unseren Moment. Höhepunkt der Zeremonie waren die Blumenketten, die Peer und ich uns gegenseitig um den Hals legten, während wir uns versprachen, immer das Beste aus uns rauszuholen und die beste Version von uns sein zu wollen, die wir als Janni und Peer für uns und unseren Sohn sein könnten. Danach schlossen wir für einen Moment die Augen und atmeten.

Plötzlich ertönte irgendwo weit weg eine Kirchenglocke, fast so, als ob uns auch der christliche Gott seinen Segen geben wollte, weil er verstanden hatte, dass wir unseren eigenen Weg gefunden hatten.

Als wir die Augen wieder aufschlugen, schauten wir aufs Meer. Wie aus dem Nichts rollten einige Wellen auf der an diesem Tag ansonsten so glatten Ostsee. Ich bekam eine Gänsehaut, denn ich wusste, dass wir noch einen Segen bekommen hatten – den Segen des Universums, den man nicht buchen oder über einen

Hochzeitsplaner organisieren kann. Er würde uns immer begleiten, wenn wir auf unsere Herzen hörten, uns für den Menschen öffneten, der wir waren, und den Mut hatten, unserem inneren Kompass zu folgen.

Als diese überwältigenden und emotionalen Momente der Trauungszeremonie hinter uns lagen, war die Sonne aufgegangen, und der Tag lag vor uns, genau wie unser Leben. Wir waren schick angezogen, hatten keine Gäste und genossen wie Teenager die Augenblicke der geschenkten Freiheit.

Zurück im Hotelzimmer mit Blick auf das Meer, bestellten wir uns ein großes Frühstück: Waffeln mit Schokolade, heißen Kaffee, frisches Obst und alles, was das Herz begehrt. Später ging es wieder an den Strand, und auf dem Rückweg machten wir halt in einem Sonnenblumenfeld. Wir tranken alkoholfreies Bier und ließen uns am Abend eine Pizza mit Trüffelsoße aufs Zimmer liefern.

Es war ein wunderschöner Tag, aber vor allem war es ein Tag, der Peer und mir entsprach. Wenn wir zurückblicken und an das Gefühl von Freiheit denken, das uns dieser Tag noch immer vermittelt, an dem wir zu uns und zum Leben Ja gesagt haben, einem Tag, an dem nur wir beide im Mittelpunkt standen und die Augen unseres Kindes den ganzen Tag lang glückliche, ausgeglichene Eltern beobachteten, die das Leben in seiner pursten Essenz feierten, wissen wir: Wir würden wieder ganz genau so heiraten.

Konventionen

Wenn du dich immer an die Regeln hältst,
verpasst du eine Menge Spaß.

KATHARINE.HEPBURN

Konventionen ordnen und regeln unsere Gesellschaft, indem sie bestimmte Verhaltensweisen in einer sozialen Situation definieren. Man könnte auch von Handlungsanweisungen sprechen, aber das klingt härter, als es ist, denn Konventionen sind zwar Teil einer Kultur, aber durch persönliche, soziale Entwicklungen auch immer wandelbar und nicht in Stein gemeißelt. Die Gründung einer Familie ist ein Prozess der Wandlung und bietet deshalb den Raum, Konventionen zu hinterfragen und für sich neu zu bewerten. Dieser Prozess stößt im Umfeld vielleicht auf Unverständnis, aber wir dürfen es uns in dieser Situation durchaus erlauben, unser Umfeld, auch unsere Eltern, zu enttäuschen. Mehr noch: Für unsere persönliche Entwicklung ist es manchmal sogar wichtig und unabdingbar, nicht immer alle Erwartungen, die an uns gestellt werden, zu erfüllen.

Dabei kommt es darauf an, die gesellschaftlichen, konventionellen Regeln nicht aus Protest zu brechen, um etwas anders zu machen, sondern sie zu hinterfragen und mit den eigenen Werten und Überzeugungen abzugleichen.

ÜBUNG

Gesellschaftliche Konventionen fühlen sich oft an wie ungeschriebene Gesetze. Man könnte sie aber auch einfach Trends nennen, denn sie sind dem Zeitgeist unterworfen. Das macht es dir vielleicht einfacher, sie zu hinterfragen. Es ist ein besonderes Privileg, sein Leben so zu gestalten, wie es sich gut anfühlt und Freude bereitet. Sollte dein Leben durch Normen eingeschränkt werden, sei mutig und breche sie! Schau dir die drei von uns ausgewählten Konventionen an und bewerte, ob sie sich für dich sinnvoll anfühlen. Diese Liste kannst du jederzeit individuell weiterführen und ergänzen.

- Ein Gentleman genießt und schweigt → Männer haben, genau wie Frauen, Gefühle, machen Erfahrungen und haben das Bedürfnis nach kommunikativem Austausch.

- Man sollte jeden Tag duschen und frische Kleidungsstücke anziehen → Der Umwelt zuliebe ziehe ich meine Jeans auch mehrmals hintereinander an und dusche nur dann, wenn ich mich wirklich schmutzig fühle.

- Höher, schneller, weiter! → Ich habe weniger Zeug, aber dafür mehr Zeit für die wesentlichen Dinge.

L(i)ebe deinen Traum

Peer

«Träume nicht dein Leben, lebe deinen Traum!», steht auf einer der Postkarten in dem runden Ständer vor dem Souvenirladen im Potsdamer Schlossgarten, an dem ich vorbeijogge. Es ist acht Uhr morgens durch, und die ältere Verkäuferin rollt gerade einen weiteren drehbaren Kartenständer durch die Eingangstür auf die Straße. Im Schaufenster reflektieren die gläsernen Kuppeln der Schneekugeln das helle Licht des Julitags, zwischen ihnen glänzen kitschige Dekorteller und Henkeltassen mit goldenem Rand und einem Abdruck des Schlosses darauf. *Sanssouci* steht in geschwungenen Lettern darüber.

Ich muss lächeln. Ohne Sorge. Dieses Motto erinnert mich an eine Zeit in meinem Leben, in der ich mich jeden Tag ohne Sorge in ein neues Abenteuer stürzte und meinen Traum lebte.

Alles begann mit meiner ersten großen Liebe. Das war nicht Janni, aber auch keine andere Frau, sondern Frankreich. Ich habe mich schon vor langer Zeit wahnsinnig in dieses Land verliebt. Damals, noch bevor ich in den Staaten auf die Schauspielschule ging, tourte ich mit einer Straßentheatergruppe durch Frankreich. Von Norden nach Süden, Westen nach Osten, von der Bretagne bis in die Provence, von der Normandie bis an die südliche Atlantikküste, hin und her, hoch und runter, wie es uns gefiel. Wir hatten so wenig Geld, dass wir häufig im Zug schliefen. Die Tickets über Nacht waren günstiger, und praktischerweise bekam man einen unbequemen Schlafplatz auf einem der Sitze gratis dazu. So reisten wir durchs Land, mit schmerzendem Rücken und leeren Taschen, aber einem vollgepackten Rucksack voller Lebensfreude, Zufriedenheit und Glück.

Frankreich machte mich sprachlos. Niemals zuvor und niemals wieder habe ich ein Land kennengelernt, das mich durch seine atemberaubende Natur so beeindruckt hat. Schöne Orte gibt es viele auf der Welt, aber wo findet man zwei Hochgebirge und so viele unterschiedliche Küstenregionen auf einmal? Wer sich zur Natur hingezogen fühlt, dem kann es in Frankreich nur gefallen. Es ist einfach *extraordinaire*, wie seine Einwohner sagen würden, die ihr Land genauso lieben, wie ich es tue.

Ich verlor mein Herz an Frankreich, während wir durch seine Städte tourten. Im Sonnenuntergang verdienten wir neben schicken Boutiquen auf den Champs-Élysées das Geld für die Tickets nach Marseille, um am nächsten Morgen mit einfachen Fischern im Hafen den Tag zu beginnen. Es sind die Gegensätze der Menschen und der Natur dieses Landes, die ich so lieben gelernt habe. Seitdem weiß ich, wie wichtig die Liebe für die Verwirklichung der eigenen Träume ist. Wenn du etwas gefunden hast, das du aus tiefstem Herzen aufrichtig liebst, musst du diesem Gefühl nur folgen, und deine Träume werden wahr.

Menschen haben viele Träume. Sie wünschen sich eine glückliche Beziehung, ein Haus auf dem Land, einen Job, der sie erfüllt, wollen sportlicher, gesünder und attraktiver werden und nehmen sich Jahr für Jahr vor, endlich etwas zu verändern, um der Verwirklichung ihres Traums näher zu kommen. Erstaunlicherweise fangen aber die wenigsten Leute tatsächlich an zu handeln. Es scheint ein Umsetzungsproblem zwischen der Traumwelt und der Wirklichkeit zu geben. Ich glaube, dass so viele Menschen im Hoffen und Sehnen bleiben, weil ihnen die tiefe und bedingungslose Liebe zu dem fehlt, was sie sich für ihr Leben wünschen.

Während ich weiterlaufe, muss ich wieder an die Postkarte denken. Träume nicht dein Leben, lebe deinen Traum. Ich bin der Überzeugung, dass es heißen müsste: Träume nicht dein Leben, liebe deinen Traum! Vielleicht würden dann mehr Menschen glücklicher und zufriedener werden.

Aber was lieben wir eigentlich? Aus vollem Herzen und bedingungslos? Die Bedingungslosigkeit ist in diesem Zusammenhang wichtig, denn in den meisten Fällen lieben wir nicht, ohne etwas im Gegenzug zu erwarten. Echte Liebe jedoch muss nicht erwidert werden. Sie kann einem Menschen, einem Land, einem Beruf oder einem Hobby gelten, und sie ist umso echter und aufrichtiger, je weniger sie erwartet. Dann kann sie übrigens auch nicht enttäuscht werden.

Nach Frankreich zog ich nach Amerika, um zur Schauspielschule zu gehen. Meine erste große Liebe verblasste, wurde abgelöst von einer anderen Leidenschaft: dem Theater. Ich war verrückt danach, auf knarrenden alten Holzbühnen zu üben und Menschen nach stressigen Arbeitstagen in den kleinen Kellertheatern von Los Angeles Geschichten zu erzählen, um sie ihren Alltag und ihre Sorgen für ein paar Stunden vergessen zu lassen.

Nach meiner Rückkehr bekam ich überraschenderweise gleich bei meinem ersten Casting eine Rolle bei «Gute Zeiten, schlechte Zeiten». Und als ob das noch nicht genug wäre, ergatterte ich auch einen Moderationsjob im Frühstücksfernsehen und moderierte «Deutschland sucht den Superstar – Das Magazin». Fast alles auf einmal. Ich war noch nie ein Typ für halbe Sachen.

Morgens stand ich also im Studio des Frühstücksfernsehens, über den Tag drehte ich die Serie, und einmal die Woche ging es zur Livesendung von DSDS. Das hatte zur Folge, dass ich von wirklich jedem auf der Straße erkannt wurde, denn mit meinen drei Jobs im Fernsehen deckte ich so ziemlich jede Zielgruppe ab. Es klingt wie ein Luxusproblem, aber die plötzliche Sichtbarkeit war eine Herausforderung. Natürlich fand ich die Aufmerksamkeit und Anerkennung toll, sie schmeichelte meinem Ego. Doch als freiheitsliebender Mensch fühlte ich mich auch eingeschränkt. Ich liebte meinen Beruf und meine Engagements, allerdings weil ich es liebte, auf der Bühne zu stehen und die Leute zu unterhalten – nicht wegen des Erfolgs oder der Prominenz. In dieser Zeit, in der ich meine zweite große Liebe, die Bühne, voll auskosten durfte, spürte ich mehr und mehr, dass ich unzufrieden war. Etwas war schal, fühlte sich nicht richtig an. Immer häufiger dachte ich an Frankreich und das Glück, das ich seinerzeit verspürt hatte, wenn ich mit meiner zusammengewürfelten Truppe vor wildfremden Menschen auf der Straße gespielt und am Ende den Hut für ein Abendessen hatte herumgehen lassen.

Wir hatten vor voll besetzten Bistros und schnuckeligen Cafés unsere Kunst gezeigt. In schmalen Fußgängerzonen, auf imposanten Kirchplätzen. Zwischen rufenden Marktfrauen und verführerisch duftenden Käseständen. Wenn ich die Augen schloss, erinnerte ich mich manchmal an das Aroma der frisch gebackenen, warmen Croissants, den würzigen Geruch einer Schüssel Boeuf Bourguignon, das Kitzeln des Zuckers in der Nase, wenn wir vor einer Patisserie unsere Spielstätte aufschlugen. Bei dem Gedanken erklangen in meinem Ohr das beruhigende Gemurmel der Gäste an den Tischen, die Akkordeonklänge im Hintergrund und das Klirren der Weingläser. Immer häufiger sehnte ich mich nach diesen Orten der Zusammenkunft, der französischen Geselligkeit, dem Savoir-vivre zurück. Ich träumte davon, wieder nach Frankreich zu gehen.

Aber mir fehlte der Impuls, aus meinem Leben auszubrechen. Außerdem wusste ich damals noch nicht, wie wichtig das richtige Timing bei der Liebe wie bei der Traumerfüllung ist.

Manchmal werde ich heute gefragt: «Woher wusstest du, dass Janni die Richtige ist?» Ich antworte immer gleich: Die Liebe deines Lebens kannst du nicht verpassen, du spürst es ganz einfach! Genauso wenig wie den richtigen Moment, um deine Träume zu verwirklichen. Manchmal wollen wir den Prozess beschleunigen oder nicht richtig hinschauen. Wir geben uns mit etwas zufrieden, was unserem Traum schon recht nahe kommt, wissen im tiefsten Herzen aber, dass wir noch nicht am Ziel sind. Doch wir sind ungeduldig, wollen nicht warten. Deswegen landen wir in Beziehungen mit den falschen Menschen oder treffen Entscheidungen, die wir später bereuen.

Doch wenn wir lernen zu warten, bis der richtige Moment gekommen ist, gibt es nichts zu bereuen. Es ist alles eine Frage des Timings. Voraussetzung ist jedoch, dass du erst einmal diese innige, bedingungslose Liebe frei von Erwartungen empfindest, von der ich schrieb. In dieser Zeit, als ich auf drei medialen Hochzeiten gleichzeitig tanzte, ein gut gefülltes Bankkonto und wenig Zeit für mich im Kalender hatte, als ich meine Liebe zur Bühne voll auslebte, entflammte meine alte Leidenschaft erneut: Frankreich. Ich spürte, dass mein Körper dem Limit näher kam. Immer häufiger fühlte ich mich schlapp und abgeschlagen, kam morgens schlecht aus den Federn (Frühstücksfernsehen heißt, um halb vier in der Nacht aufzustehen) und abends im Bett nicht runter. Mir war bewusst, dass ich etwas ändern musste, wenn ich nicht in Kürze einen Burnout erleiden wollte, aber ich wusste beim besten Willen nicht, was ich stattdessen tun sollte. Doch meine

Sehnsucht wuchs. Immer wieder wanderten meine Gedanken nach Frankreich. Ich nahm mir vor, in mich hineinzuhören und herauszufinden, was mich wirklich glücklich machen würde. Denn dass es die momentane Situation nicht tat, wusste ich instinktiv.

Was war die Alternative?

Ein Restaurant, murmelte eine leise Stimme in meinem Kopf, ein Ort der Begegnung und der Kultur, des guten Essens und des Weins, ein Platz auf der Welt, vor dem sich durchs Land ziehende Theatergruppen und Musiker treffen würden, um den neugierigen Gästen auf der Terrasse etwas vorzuspielen.

Es geschah an einem Tag, als ich durch Kreuzberg lief. Das Viertel war zu dieser Zeit noch nicht so angesagt wie heute, sondern ein Arbeiterbezirk mit einer kunterbunten Bevölkerung. Trotz meiner Bekanntheit war ich nicht weggezogen oder konnte mir gar vorstellen, irgendwo anders zu leben.

Und dann stolperte ich im wahrsten Sinne des Wortes über mein zukünftiges Restaurant. Ein Ladenlokal in der Nähe meiner Wohnung, das seit einigen Jahren leer stand. Ich wusste augenblicklich: Das ist es.

Seit einiger Zeit schon hatte ich mir mein kleines französisches Restaurant vorgestellt, und da war es nun. Ich konnte es nicht glauben – auch weil ich zu diesem Zeitpunkt von der Kraft der Affirmation noch nichts gehört hatte. Doch genau so hatte ich mir meinen Traum immer ausgemalt, in der Nähe zu meiner Wohnung: klein, stuckbehangen, charmant und hoffnungslos französisch.

Zugegeben, die Umgebung hatte ich in meinen Träumen irgendwie vernachlässigt. Die dreckigen Ecken und merkwürdigen Gestalten, die auf der Straße vor meinem Restaurant der Zukunft herumlungerten, waren nicht Teil meines Wunschdenkens gewesen. Würden sich meine Gäste hier wohlfühlen? Würden die Fernsehleute, Stars und Sternchen, die ich bewirten wollte, in diesen Kiez kommen? Französische Küche in Kreuzberg ... ging das zusammen?

Aber ich liebe meine Heimat, und ich liebe die französische Esskultur, sagte ich mir entschlossen. Was sollte da bitte schiefgehen?

Ich eröffnete kurze Zeit später das «La Raclette», in dem es nicht nur Käsespezialitäten gab, sondern typisch französische Köstlichkeiten: Steak tartare, Lammkarree, Jakobsmuscheln, Crème brulée, Zitronentarte und natürlich Raclette. Die Presse stürzte sich auf uns, und binnen kürzester Zeit wurde mein Lokal zu einem beliebten Hotspot für Nachbarn und Prominente gleichermaßen. Ich bewirtete Menschen aus unterschiedlichen gesellschaftlichen Schichten, und alle fühlten sich wie Gott in Frankreich, wenn sie eng gedrängt an den kleinen Bistrotischen saßen. Immer wieder mischten sich auch Kollegen und Berühmtheiten wie Thomas Gottschalk, Gregor Gysi, Meret Becker, Joachim Gauck, Lena Meyer-Landrut oder Sasha unter die Gäste und genossen es, für einen Moment einer von vielen zu sein.

Bald schon wurde alle paar Wochen über das «Raclette» in den Medien berichtet. Es machte mich unglaublich stolz, dass ich diesen Ort aus meiner puren Liebe zu Frankreich ersonnen, gefunden und kreiert hatte. Manchmal kam es mir so vor, als würde alles, was ich mir in meinen kühnsten Träumen bis ins kleinste Detail ausgemalt hatte, Wirklichkeit werden. Von den antiken Wasserhähnen auf den Toiletten bis zu den Bildern an der Wand: Ich hatte mir einen Platz auf der Welt geschaffen, der direkt meinen Träumen entsprungen schien.

Dann geschah das Unglaubliche: Trotz des Erfolgs, der Aufmerksamkeit und der vielen, vielen Arbeit wurde ich nicht glücklich. Obwohl alles genau so war, wie ich es mir ausgedacht hatte, spürte ich eine große Leere in mir. Erst viel, viel später begriff ich, dass in dem Moment, in dem sich ein Traum erfüllt, auch etwas in dir verloren geht. Jahrelang hatte ich mir mein Restaurant vorgestellt. Diese Affirmation war der Antrieb meines Handelns gewesen. Nun, da der Traum erfüllt war, fehlte mir etwas. Ich hatte meinen Motivator verloren.

Damals verstand ich nicht, dass ich meiner Trauer hätte Raum geben müssen. Wenn etwas geht, das man lange gehegt und gepflegt hat, sollte man sich in Würde und Ruhe davon verabschieden. Das gilt für Partner wie für Beziehungen.

Stattdessen stürzte ich mich ins Leben und stopfte die Leere in meinem Inneren mit Arbeit – und Alkohol. Ich war nicht achtsam, weder für mich noch für meine Gefühle, die mir wichtige Hinweisschilder gewesen wären. Ich überfuhr diese Warnsignale wie rote Ampeln oder betäubte sie. Trank mehr, als mir und meinem Körper guttat. Und bezahlte am Ende einen sehr hohen Preis für die Verwirklichung meines Traums, weil ich nie gelernt hatte, mit negativen Gefühlen umzugehen und sie zuzulassen. Verdrängung wurde zu Betäubung. Und eines Tages zur Gewohnheit.

Irgendwann trank ich dann immer. Egal ob ich glücklich oder traurig, erfüllt oder leer war. Es spielte keine Rolle, welches Gefühl in mir vorherrschte, ich nahm es als Anlass, um zu trinken. Aus meinem größten Erfolg wurde meine größte Niederlage. Wirklich bergab ging es mit mir, als ich die meiste Zeit des Tages in meinem Laden stand und zumindest an der Theke mein bester Kunde war. Ich wusste damals nicht, dass auch die negativen Gefühle eine Berechtigung haben. Dass es wichtig ist, sie zu fühlen. Dass es von essenzieller Bedeutung ist, sich zu spüren.

Ich bin mehrfache deutsche Meisterin im Wellenreiten.

Trotz aller Titel geht es beim Surfen mehr um ein Lebensgefühl als um Wettbewerbe.

In meiner Heimat Berlin-Kreuzberg erfüllte ich mir 2006 einen Lebenstraum und eröffnete das französische Restaurant *La Raclette*.

Meine Leidenschaft ist die Straßenmusik, regelmäßig gab es im Restaurant Auftritte mit Freunden.

Nach dem Playboy-Cover 2013 reisten meine Freundin Sylvie und ich als surfende Bunnies rund um die Welt.

Beim Interview im SAT.1 Frühstücksfernsehen mit dem Entertainer Mickie Krause.

Live-Moderation der Fußball-EM 2016 vor Millionen Fans am Brandenburger Tor in Berlin.

Ich wurde auch als Unterwasser-
Model für diverse Marken gebucht.

Bei unserem Kennenlernen während Dreharbeiten auf Tahiti 2016.

Als Meerjungfrau fand ich eine neue Perspektive bei der Sicht auf die Fragen des Lebens.

Surftrips und das Leben aus dem Koffer sind auch immer etwas chaotisch, hier nach einem stornierten Flug am Flughafen in Indonesien.

Romantische Liebeserklärung während eines Modeljobs auf den Malediven.

Der überraschende Heiratsantrag am
Strand des Berliner Müggelsees.

Mit einer Wagenladung Luftballons wird der Heiratsantrag
vorbereitet.

In der Berliner Society.

Mit einem französischen Oldtimer überlegten wir um die Welt zu reisen.

Zum Geburtstag gibt es einen Klassiker: Im alten R4 erkundete ich Peers Großstadtheimat Berlin.

Aus Liebe wird Leben, 2017 kommt unser
Sohn Emil-Ocean zur Welt.

Wir zeigen unseren Kindern die Welt, Sri Lanka 2019.

Familiensurftrip auf die Malediven 2019.

Da lang geht's! Mit gerade mal 2 Jahren ist Emil-Ocean schon ein richtiger Reiseprofi.

Familie ist, wo Liebe niemals endet.

Im kunterbunten Bulli gehts mit der ganzen Familie quer durch Europa.

«Was dich begeistert, macht dich genial.» Nach diesem Motto begleiten wir unsere Kinder als World-schooler um die Welt.

In Potsdam kommen wir zur Ruhe und sammeln Kraft für neue Abenteuer.

Eltern werden und trotzdem Liebespaar
bleiben. Eine große Herausforderung.

Gewohnheiten und feste Rituale spielen eine
große Rolle auf dem Weg ins Familienglück.

«Liebe besteht nicht darin, dass man einander ansieht, sondern dass man gemeinsam in die gleiche Richtung blickt.»

Der kleine Prinz
(Antoine de Saint-Exupéry)

Hinter dem Schloss vorbei bin ich in Richtung der alten Orangerie weitergejoggt. Ich laufe schon fast seit einer Stunde und bin wieder einmal überrascht, was mein Körper alles leisten kann. Ich war über viele Jahre nicht gut zu ihm, habe ihn vergiftet, gequält und geschunden. Mich heute fitter und vitaler zu fühlen als je zuvor, obwohl gerade mal sechs Jahre seit meinem letzten Tropfen Alkohol vergangen sind, erstaunt mich immer wieder aufs Neue. Ich habe lange gebraucht, um mit dem Trinken aufzuhören – viel länger, als es dauerte, um damit anzufangen. Auch hier halfen mir meine Träume, meine Liebe zu mir selbst, das richtige Timing und meine positiven Affirmationen. Ich malte mir aus, wie mein Leben sein könnte, wenn ich nicht mehr trinken würde. Stellte mir vor, wie sich mein Körper anfühlte, wenn ich ihn mit mehr Zuneigung und Liebe behandelte. Malte mir aus, wie ich in einer erfüllten Beziehung lebe und unsere Kinder frei und unabhängig durch den Garten laufen. So lang der Weg auch war, mein Traum davon, ein gesunder, glücklicher Mensch zu sein, half mir, genau dieser Mensch zu werden. Ich begann, diesen Traum zu lieben. Und dann wurde er Realität.

Affirmationen

Du erreichst deine Ziele nicht, indem du über sie nachdenkst.

PEER KUSMAGK

Affirmationen sind kurze Sätze, die Großes bewirken. Bewusst eingesetzt, funktionieren sie wie ein Navigationssystem, das dir dabei hilft, in deinem Leben auf dem Weg zu bleiben, der dich erfüllt und glücklich macht. Affirmationen sind Glaubenssätze, die dich dabei unterstützen, deine Visionen und Träume nicht aus den Augen zu verlieren und dich daran erinnern, an ihnen zu arbeiten.

ÜBUNG

Folgende Fragen sollen dir dabei helfen, deine Ziele klar zu formulieren. Sie erinnern dich daran, dass du etwas dafür tun darfst, um sie zu erreichen. Formuliere nach der Beantwortung einen knappen Satz, der dich auf dem Weg zu deinen Visionen begleitet, und leite daraus deine ganz persönliche Affirmation ab. Dieses Mantra kannst du an deinen Spiegel, auf Post-its oder als Bildschirmschoner auf dein Handy schreiben, um dich jeden Tag daran zu erinnern.

- Das habe ich als Kind geliebt ...
- Das ist mein größter Traum ...
- Der tiefere Sinn in meinem Leben ist ...
- Das soll am Grab über mich gesagt werden ...

Mein Affirmation-Satz:

Von der Traumgeburt zum Geburtstrauma

Peer

Ganz ehrlich: Bis zum 2. August 2017 hatte ich im Grunde keine Ahnung, was eine Geburt in Wahrheit ist. Klar, ich hatte Bilder im Kopf. Videosequenzen aus irgendwelchen Filmen. Tonschnipsel aus Dokumentationen. Screenshots der eigenen Vorstellungswelt. All diese Bilder und Klänge waren aber nicht nur retuschiert und lediglich ein winzig kleiner Ausschnitt der Wirklichkeit, sondern zudem ziemlich idealisiert. Vor meinem inneren Auge tanzten Schwangere bis kurz vor der Niederkunft in weißen Kleidern durch blühende Sonnenblumenfelder. Dann gab es einen Schnitt, und kurz darauf lagen sie mit einem süßen, kleinen Neugeborenen in duftender Bettwäsche zu Hause.

Aber nicht nur die Medien waren «schuld» an meiner massiven Fehleinschätzung. Auch in meiner Familie und meinem Umfeld war nie über die Strapazen einer Geburt gesprochen worden. Klar, es war anstrengend, intensiv, schmerzhaft – aber irgendwann war das Baby da, und dann war alles gut. Genau so nahm ich auch Jannis erste Schwangerschaft wahr. Wir machten viele Fotos in schönen Blumenwiesen, und ich war mir sicher, dass meine Frau bald schon wieder in sexy Unterwäsche in unserem Bett liegen würde, unseren niedlichen Sohn, der die ganze Zeit schlief und ansonsten nur selig lächelte, in den Armen.

Ich war so naiv. Und ich hatte nicht den Hauch einer Ahnung. Dabei gaben wir uns größte Mühe, es «richtig» zu machen und uns optimal vorzubereiten. Wir besuchten beispielsweise einen Wickelkurs, weil wir neu in dem Geschäft der Elternschaft waren und dachten, wir nehmen da irgendwas mit. Aber im Ernst: Egal ob man ein gebildeter Mann oder eine mittelmäßig helle Leuchte ist – wenn du es nicht schaffst, zwei Klebestreifen an der richtigen Stelle anzubringen, ist dir sowieso nicht zu helfen. Auch die Wettbewerbe in dem Kurs, wer in einer Minute mehr Windeln wechseln kann, werden mir in der Realität vermutlich niemals helfen. Selbst als dreifacher Vater habe ich meine Kinder noch nie mit Stoppuhr wickeln müssen, und ich wurde auf dem Spielplatz noch nie von einem anderen Vater zum Wickelwettbewerb herausgefordert.

Auch der Geburtsvorbereitungskurs war für mich ein Reinfall. Er bereitete mich nämlich in keiner Weise auf das vor, was bei einer Geburt so alles passieren kann und wie man sich als Vater in dem Fall am besten verhält (idealerweise nämlich nicht, indem man eine Torte bestellt, sondern seiner Frau einfach den Rücken freihält). Was mir niemand gesagt hat, was ich im Nachhinein aber echt gern gehört hätte: In der Schwangerschaft und während der Geburt haben wir Männer die Chance, wirklich zu brillieren – wenn wir es nicht aus lauter guter Absicht erst mal so richtig versaubeuteln. Leider war mir nämlich nicht bewusst, dass Ingwer Wehen auslösen kann, weshalb ich es an diesem Tag, dem 2. Juli 2017, mit der Dosierung auch besonders gut meinte, als ich Janni und mir einen starken Ingwertee zubereitete. Ich schwöre bei allem, was mir heilig ist: Ich wusste es wirklich nicht besser. Und ich habe keine Ahnung, warum ich ausgerechnet an diesem Tag viel mehr Ingwer als sonst in das kochende Wasser warf.

Es kam, wie es kommen musste. Noch während wir da saßen und uns die Kanne Ingwertee genehmigten, gingen bei Janni die Wehen los. Ich schnappte eilig die gepackte Tasche, fuhr sie ins Krankenhaus und wartete darauf, dass mir das Universum Teil zwei meiner romantischen Vorstellung servierte: die glückliche Janni und unser zuckersüßes Baby im siebten Himmel. Während ich im Krankenhaus wartete, ging ich im Geiste schon die nächsten Schritte durch. Hübsch inszenierte Fotos aus dem Wochenbett. Eine Torte bestellen, Girlanden aufhängen, Wohnung herrichten.

Aber natürlich kam es anders.

Ich bin nicht bescheuert. Mir war schon klar, dass die Geburt und das Wochenbett eine verdammt intensive Zeit sind, vor allem für die Frau. Aber selbst mit meiner schlimmsten Vorstellung konnte die Realität nicht nur mithalten, sie überbot sie sogar um Längen.

Unser Sohn konnte nicht auf natürlichem Weg auf die Welt kommen. Bis heute wissen wir nicht endgültig, woran das lag – an seiner Lage oder Jannis Sportlichkeit. Vielleicht hatten wir einfach Pech. Fakt ist: Emil-Ocean wurde mit einem Notkaiserschnitt geholt. Mir wurde erst in diesem Moment bewusst, dass ein solcher Eingriff nur dann vorgenommen wird, wenn das Leben von Mutter oder Kind während des Geburtsprozesses akut in Gefahr ist.

Davon hatte ich aber keinen Dunst, als ich im Krankenhaus herumstand, in Gedanken bei der Torte, die ich bestellen würde, innerlich ein bisschen feiernd, weil ich durch den Ingwertee die Sache beschleunigt hatte, und voller Vorfreude auf die nächste Episode nach der Geburt, die in meiner Fantasie nach Lenor und Babypuder duftete. Plötzlich veränderte sich jedoch die Stimmung. Janni wirkte mit einem Mal vollkommen kraftlos.

Die Hebamme sagte: «Die Sauerstoffsättigung des Kindes fällt ab.» Eine Sekunde später drückte sie auf einen roten Knopf – und das Chaos brach über uns herein. Überall gingen rote Alarmleuchten an, und ein lautes Signal schallte durch die Gänge der Entbindungsstation. Es war das Zeichen für die Bereitschaftsärzte, auf direktem Weg in den Kreißsaal zu kommen und die Operation vorzubereiten. Es ging alles so unglaublich schnell, dass ich kaum hinterherkam. Geschweige denn dass Zeit blieb, um mir oder Janni zu erklären, was gerade passierte. Im Nachhinein muss ich sagen, dass uns ein, zwei Worte der Erklärung schon ein besseres Gefühl gegeben hätten. So aber waren wir absolut ohnmächtig. Jeder schien etwas zu tun zu haben. Alle waren hektisch. Und ich saß da wie ein Trottel und wusste nicht, was passierte. Wieso hatte in keinem Vorbereitungskurs, in keiner Broschüre, auf keiner Website jemand mal über die Dinge gesprochen, die noch so passieren konnten, wenn ein Kind auf die Welt kam?

Als Janni in den OP gebracht wurde, fragte ich: «Kann ich mit?»

«Auf keinen Fall», beschloss die Hebamme, und die Tür zum OP-Bereich ging mit einem Zischen zu.

Da stand ich nun. Hilflos. Ratlos. Verängstigt. Mir war bewusst, dass es bei einer Entbindung am wenigsten um den Vater geht. Aber dass mich diese plötzliche Wendung nicht kaltließ, dürfte auch jedem klar sein. Ich stand unter Stress. Es war wirklich herausfordernd, dass uns niemand etwas sagte. Stattdessen hatten sie Janni einfach mitgenommen – und mein ungeborenes Kind in ihrem Bauch. Ich spürte, dass es gerade um alles ging, lief kopflos zurück in den Kreißsaal, versuchte etwas herauszufinden, aber niemand konnte mir helfen. «Beruhigen Sie sich», sagte man mir immer wieder. «Wir kommen auf Sie zu.» Meine Panik wuchs mit jedem Mal, wenn mir jemand diesen Schwachsinn sagte. Beruhigen Sie sich! Na klar. Sonst noch was? Meine Frau und mein Kind waren in Gefahr!

Nach einer halben Stunde – der längsten, schlimmsten halben Stunde meines Lebens – stand plötzlich die Hebamme vor mir. «Wollen Sie die Nabelschnur durchtrennen? Ihre Frau ist aber noch unter Narkose.»

Ich schaute die Hebamme an, als wäre sie gerade mit einer fliegenden Untertasse vor mir gelandet. Natürlich waren im Krankenhaus alle sehr professionell und routiniert bei Situationen wie der unsrigen. Aber wo blieb denn bitte die Menschlichkeit? Die Empathie? Das Gespür, dass zwei Menschen, die zum ersten Mal im Leben Eltern wurden, möglicherweise eine etwas andere Vorstellung von diesem Moment gehabt hatten.

Ich lief ihr hinterher in den Operationssaal. Janni konnte ich unter den vielen grünen OP-Tüchern gar nicht richtig sehen. «Wie geht es ihr?», wollte ich wissen und fühlte mich ebenfalls wie betäubt.

«Gut. Sie schläft.» Jemand drückte mir einen silbernen Gegenstand in die Hand. «Die Nabelschnur?»

Ich sah zum ersten Mal meinen Sohn. Und dann erkannte ich, dass die Nabelschnur längst durchtrennt war und ich lediglich ein Stückchen vor seinem Bauch abschneiden durfte. Das war alles sehr verstörend, wenn ich ehrlich bin – vermutlich lieb gemeint, aber auch eine merkwürdige Aktion. Trösten konnten mich die drei Zentimeter Nabelschnur, die ich abschnitt, leider gar nicht.

Wir drei, unser Sohn, ich und vor allen Dingen Janni erlitten an diesem Tag, in diesen schrecklichen dreißig Minuten, ein Trauma. Janni wurde noch lange von diesem Ereignis begleitet und brauchte viele Monde, bis sie die Sache einigermaßen verarbeitet hatte.

Auch unser Kleiner hatte unterbewusst sicher viel mehr mitbekommen, als uns damals bewusst war. Man darf nicht vergessen:

Zehn Monate wachsen die Babys in einer warmen, gemütlichen Höhle heran. In den Tagen vor der Geburt bereitet der Körper der Mutter durch Hormone und Übungswehen die Entbindung vor. Der Kopf liegt schon nach unten, es geht durch einen engen Kanal in die Welt hinaus … eigentlich. Denn stattdessen wird, *ratsch*, ein Reißverschluss aufgerissen, es wird schlagartig hell, kalt und laut, fremde Wesen um einen herum, die Höhle ist weg, Mamas Herzschlag ist weg, Mama ist weg, kein Papa da! Ich weiß, welch ein Segen der Kaiserschnitt für das Überleben von Müttern und Kindern ist – aber traumatisch ist das für das Kind ganz sicher.

Wir wurden in ein Familienzimmer gebracht: das Neugeborene, ich und die vollkommen erledigte Janni. Zum ersten Mal schliefen wir als Familie ein – ganz anders, als wir uns das vorgestellt hatten.

Zwei Stunden später wurde die Tür aufgerissen. «So, jetzt wird das Kind angelegt!», rief eine sehr patente Krankenschwester und marschierte ins Zimmer.

«Moment, das entscheidet meine Frau doch selbst, wann sie den Kleinen füttert», versuchte ich, Widerstand zu leisten.

«Nein», erklärte mir die Patente, «das muss alle zwei Stunden passieren. Dann legen wir mal los!»

Tatsächlich stand sie zwei Stunden später schon wieder auf der Matte. Und zwei Stunden später wieder. Die ganze Nacht lang. Jedes Mal wurden wir wieder aus dem Schlaf gerissen, genau wie unser Sohn, der das alles überhaupt nicht witzig fand.

Als der Morgen graute, fragte ich mich: Wie weit kann man sich als Mensch eigentlich von der Natur entfernen? Wenn das Baby nach diesem heftigen Ereignis schlafen und nicht trinken will, sollten wir es doch lassen. Es meldet sich schon, wenn es Hunger hat.

Das Beste aber war, dass direkt neben der Entbindungsstation die Psychiatrische lag. Die ganze Nacht durch rief eine männliche Stimme: «Hilfe, Hilfe! Wieso hilft mir denn keiner?» Es war beinahe ironisch, wie sehr ich mit dem armen Kerl mitfühlte – weil ich sehr ähnlich dachte. An diesem Tag, der Geburt unseres Sohnes Emil-Ocean, begann ich, mich intensiv mit Traumata und ihrer Aufarbeitung zu beschäftigen. Ich bin der festen Überzeugung, dass nicht aufgearbeitete Traumata zu echten psychischen Problemen führen können. Weil sie in der Psyche und der Seele kleben bleiben. Die gehen nicht einfach weg, nur weil man ganz fest daran glaubt oder Zuckerguss obendrüber streut.

Als Janni zwei Jahre später wieder schwanger war, musste ich erneut an unser Geburtstrauma denken, diesmal aber aus einem anderen Grund. Wir waren beim Frauenarzt, der gerade die Uterus-Untersuchung machte und plötzlich sagte: «Oh, oh, oh.»

Ich sag mal so: Das hört man von einem Arzt nicht gern.

«Sie haben ziemlich viele Lakunen.»

Janni riss die Augen auf. «Bitte was?»

Er erklärte uns, dass es sich bei Lakunen um Bluteinlagerungen im Mutterkuchen handelt. Die Plazenta liegt unter der Bauchdecke und verwächst während der Schwangerschaft mit ihr, aber dort, wo die Kaiserschnittnarbe war, konnte sie sich nicht richtig mit der Bauchdecke verbinden. So waren Blutgerinnsel entstanden, die zu einer vorzeitigen Plazentaablösung führen konnten. Der Arzt erklärte Janni zur Risikoschwangeren. Und ich dachte darüber nach, dass die Kaiserschnittnarbe als körperliches Trauma ein bisschen wie ein Trauma in der Seele war, welches das Leben unbemerkt beeinflusste. Wenn man sich mit psychischen Traumata allerdings aktiv auseinandersetzt und sich dem Schmerz oder der Verletzung stellt und ihr Raum gibt, kann man sie verarbeiten und darüber hinwegkommen.

Traumata

Traumata bedeutet nichts weiter, als festzustecken in dem, was man glaubt.

BYRON KATIE

Aus eigener Erfahrung wissen wir: Es ist nicht das Trauma, das uns zerstört, sondern unser Umgang damit. Traumata sind schwere seelische Verletzungen, die durch überwältigende oder belastende Erlebnisse ausgelöst werden, mit deren Verarbeitung die Psyche überfordert ist. Oft wird dieses Erlebnis aus Selbstschutz verdrängt und führt nicht selten zu chronischen Erkrankungen. Ein Trauma (griechisch: Wunde) braucht aber genau wie jede andere Verletzung Zeit, um zu heilen. Dieser Prozess sollte möglichst früh professionell begleitet werden. Das Sprechen über die traumatische Erfahrung und das nochmalige Durchleben der Situation sind wichtig, um die eigenen Gefühle zu verstehen und ihnen Raum zu geben. Oftmals halten uns jedoch Angst oder Scham davon ab, das Erlebte vollständig zu verarbeiten und die Seele heilen zu lassen.

ÜBUNG

Über deine Gefühle zu sprechen, erfordert Vertrauen. Mit der folgenden Übung kannst du lernen, es aufzubauen und offene Kommunikation regelmäßig zu trainieren.

1. Verabrede dich im festen Rhythmus mit deinem Partner oder deiner Partnerin oder einem Freund oder einer Freundin für einen Monolog, bei dem du folgende Fragen beantwortest, während der andere ausschließlich zuhört:
   - Wie geht es mir?

- Was beschäftigt mich?
- Was fühle ich?
2. Anschließend werden die Rollen getauscht, und dein Gegenüber beantwortet die Fragen.

Durch das reine Zuhören, ohne zu interpretieren, zu werten oder nachzufragen, gibst du deinem Gegenüber Raum, über Gefühle oder Erlebtes zu sprechen. Das führt zu emotionaler Entlastung und zu mehr Klarheit.

Lass uns Wellenreiten gehen

Da standen sie wieder alle in ihren Kitteln und schauten mich panisch an. Jemand hatte einen roten Alarmknopf gedrückt, und eine Art Sirene ging los. Alles in mir verspannte sich. Ich wollte weg, raus, wollte flüchten, aus dem Moment, der Situation, dem Kreißsaal. Ich wollte überall sein, nur nicht hier.

Doch da war dieses wundervolle Wesen in mir, das hinauswollte ins Leben, auf das es wartete. Es brauchte mich dafür, jetzt, egal wie hoch der Preis war und was meine Gefühle mir sagten. Es ging nicht mehr um mich. Ich musste alles loslassen, meine Erwartungen, meinen Schmerz, meine Erinnerungen an die erste traumatische Geburt – und schließlich auch meine Tochter.

Als ich mit Emil-Ocean schwanger war, malte ich mir oft aus, wie unser Sohn auf die Welt kommen würde. Tatsächlich waren die ersten Stunden der Entbindung wunderbar. Die Nacht hindurch gab ich mich dem Prozess hin, irgendwann im Morgengrauen färbten die schönsten Farben den Himmel ein, doch kurz bevor die ersten Sonnenstrahlen den Tag berührten und unser Kind das Licht der Welt erblickte, sagte eine Maschine, dass etwas nicht stimme. Auch wenn sich für mich alles richtig anfühlte, ging es unserem Sohn nicht gut. Seine Herztöne fielen ab.

Die Hebamme sagte: «Legen Sie sich mal anders hin.»

Es fühlte sich falsch an, verkehrt, unbequem, aber ich vertraute ihr. Als sich nichts veränderte und der Monitor immer noch piepte, sah sie traurig auf mich hinab. «Es tut mir leid.» Dann drückte sie den roten Knopf, der den Alarm auslöste.

Kurz darauf war der Raum voller Ärzte. Nur wenig später nahmen sie mich mit in den OP und schickten Peer in den Warteraum. An viel mehr erinnere ich mich nicht. Als ich wieder wach wurde, lag ein Baby in meinem Arm, das an meiner Brust nuckelte und sich an mich schmiegte.

«Das ist unser Sohn», sagte Peer unter Tränen.

Ich war als Mutter aufgewacht.

Was genau passiert war, konnte mir keiner so richtig sagen, außer dass Emil-Ocean ein Sternengucker war, also mit dem Gesicht nach oben im Geburtskanal lag. Er war mein erstes Kind und ich sehr sportlich. Und die Nabelschnur war irgendwie zu kurz. Die Hebamme der letzten Nacht war nicht mehr da, und so kam es, dass mir niemand etwas sagen konnte.

Meine Geburtsgeschichte kam mir lange Zeit vor wie eine Tür zur Vergangenheit, die ich nicht öffnen konnte, weil ich den Schlüssel nicht hatte. Was ich aber schnell herausfand: Ich hatte eine Vollnarkose bekommen, und unser Baby wurde mit einem Notkaiserschnitt geholt. Auch wenn viele meiner Fragen unbeantwortet blieben, war ich überwältigt, Emil-Ocean in den Armen zu halten. Keiner kann einem sagen, wie es wirklich wird, was da auf einen zukommt. Keiner kann die Gefühle beschreiben, ebenso wie keiner in Worte fassen kann, wie sich Regentropfen auf deiner Haut anfühlen. Du musst es selbst erleben.

Als ich Tage später aufstehen konnte und mich im Spiegel betrachtete, erkannte ich mich nicht wieder. Der Bauch war komplett weg, meine Oberweite glich der Pamela Andersons, ich hatte eine komische Netzunterhose an, und mein Spiegelbild wirkte irgendwie zerbrechlich. War ich das? Meine Welt stand kopf.

Nach so vielen Tagen im Bett und dem heftigen Eingriff musste ich wieder laufen lernen, genau wie es unser Sohn eines Tages würde lernen müssen. Ich machte einen Schritt nach dem anderen, sowohl mit den Beinen als auch mit dem Herzen. Ich fasste Vertrauen, fand meine innere Stimme wieder und das Gefühl für meinen Körper.

Ich brauchte lange, um die Ereignisse zu verarbeiten, meine neue Rolle im Leben war mir erst einmal fremd. Denn ich bin ein Herzensmensch, folge immer eher meinem Gefühl als dem Kopf. Als Sportlerin wusste ich: Wenn ich eine drei Meter hohe Welle anpaddele, kann ich mich auf mich selbst verlassen und funktionieren. Mein Leben war bis dahin immer von meiner Intuition geleitet worden, doch nun ging das nicht mehr. Ich war fremdbestimmt, von einem kleinen Lebewesen, das ich mehr liebte als alles andere auf der Welt. Und doch war ich in den ersten Wochen oft überfordert.

Heute weiß ich, dass ich zu jener Zeit blockiert war. Unser Kind hatte sich entschlossen, auf die Welt zu kommen, doch ich war noch nicht bereit gewesen, es loszulassen. Ich fühlte mich nicht sicher, nicht vorbereitet und stand unter Stress. In den Nächten vor der Geburt hatte ich oft Albträume, in denen mir Hände das Baby aus dem Bauch holten.

Diese Hände gab es jedoch wirklich – in meinem Alltag. Ständig fasste jemand meinen dicken Bauch an, viele wollten einen Anteil daran haben. Ich stellte mich damals zu oft hintenan und unterdrückte meine Bedürfnisse. Ich verspürte während der Schwangerschaft viel Druck, fühlte mich aber nicht stark genug, für mich einzustehen und Grenzen zu ziehen. Harte, äußere Grenzen, die mir ermöglicht hätten, in meinem Inneren weich zu bleiben.

Meine wichtigste Erkenntnis als Mutter ist deswegen: Du allein kannst dich und deine Bedürfnisse schützen. Tust du es nicht, wird es keiner tun. Das gilt für die Schwangerschaft, für die Geburt, das Wochenbett und jeden anderen Tag in deinem Leben.

Wir denken oft: Da, wo Luft ist, ist Raum für uns, und dort, wo es Wände gibt, sind Grenzen. Auf energetischer Ebene stimmt das nicht, denn im übertragenen Sinn kommt der Raum für dich erst dann, wenn du Grenzen gesetzt hast.

Gerade in der Schwangerschaft sind Frauen unglaublich empfänglich für alle möglichen Formen von Energien.

Bei der Geburt von Yoko fühlte ich mich gewappnet. Ich wusste: Ich muss mir das nehmen, was ich brauche, um unser Kind auf die Welt zu bringen. Doch die Bedingungen waren wieder nicht ideal. Es ging zwei Wochen vor Termin mit einer starken Blutung am frühen Morgen los. Peer fuhr mich ins Krankenhaus, wo ich bleiben musste, weil die Wehen überwacht wurden. Da keine Betten frei waren und meine Beleghebamme noch im Urlaub war, wurde ich auf dem Krankenhausflur geparkt, wo ich eine Wehe nach der anderen wegatmete. Ständig fragte jemand, ob ich Hilfe brauche, weil ich mich vor Schmerzen krümmte. Aber ich wollte keine Hilfe. Ich war der Schlüssel zu allem.

Das Leben besteht aus Wellen. Sie sind den Wehen bei einer Geburt nicht unähnlich. Es gibt Momente, in denen es bergauf geht, und Momente, in denen wir unten sind. Wie der Herzschlag beschreibt das Leben eine Kurve. Alles, was wir tun können, ist, zu atmen, um die Wellen des Lebens zu nehmen. Wir können nicht beeinflussen, ob es hoch- oder runtergeht. Aber wie beim Surfen können wir uns auf dem Scheitelpunkt der Welle entscheiden, vom Brett aufzustehen und auf der Welle zu reiten. Wir nutzen ihre Energie, statt uns ihr entgegenzustellen.

Also ging ich in mich. Ich atmete bewusst und tief und klopfte mir selbst auf die Schulter, wenn eine weitere Wehe überstanden war. Und ich hörte ein Lied von Coldplay in Dauerschleife: «*And sing slow it down, through chaos as it swirls, it's us against the world ...*»

Wir gegen den Rest der Welt. Mein Kind und ich, wir würden es schaffen, wir waren ein Team. Da konnte die Krankenschwester noch so unfreundlich sein. Alles verlor seine Kraft um mich herum, denn ich war mächtiger. Das Leben war auf meiner Seite.

Letztendlich schaffte ich es trotz der Umstände, der panischen Blicke der Ärzte, des Piepens des Monitors und der tickenden Uhr immer wieder, zu mir zurückzufinden und mir den Raum zu nehmen, den wir in diesem Moment brauchten. Ich war stärker geworden seit der ersten Geburt, ich war eine Frau geworden, und ich wusste, was ich wollte: unsere kleine Tochter auf die Welt bringen.

Unsere Energie weist uns stets den Weg. Tun wir etwas mit Druck, aus Angst oder nicht aus unserer tiefsten Stärke heraus, kommt es ins Stocken. Im wahrsten Sinne des Wortes: das Leben. Sind wir jedoch in unserer Mitte und in unserer Kraft, können wir alles um uns herum, egal ob gut oder schlecht, egal ob so oder anders erwartet, akzeptieren und es lieben lernen. Es ist Teil unseres Lebens und der Umstände in diesem Moment. Negative Energie verliert ihre Kraft, wenn wir sie in unser Herz lassen. Die Entspannung, nicht gegen etwas anzukämpfen und den Fokus von uns selbst zu nehmen, sondern alles anzunehmen, wie es ist, hilft uns zu akzeptieren und loszulassen.

Auf diesem Weg kann auch ein Kaiserschnitt eine wundervolle Erfahrung sein. Er bedeutet nicht zwangsläufig, dass man nicht loslassen kann. Doch ich bin fest davon überzeugt, dass viele dieser Eingriffe vermieden werden könnten, wenn die Energie der Gebärenden anders unterstützt und wahrgenommen würde. Wenn es Lebenshäuser statt Krankenhäuser gäbe und Frauen wie Göttinnen und nicht wie Patientinnen in den Kreißsaal gebracht würden. Uns wird in diesen Situationen und auch später, als Mütter, so viel der eigenen inneren Stärke, der Lebensenergie und Kraft genommen, dass wir in Momenten, in denen uns das Leben am meisten braucht, manchmal ohnmächtig werden.

Meine Tochter kam in diesem Fall auf natürlichem Weg auf die Welt. Leider blieb ich trotzdem länger im Krankenhaus, als mir lieb war, denn ich bekam das Wochenbettfieber, vermutlich als Resultat des Notkaiserschnitts. Aber was nützte mir dieses Wissen? Gar nichts. Ich musste akzeptieren, was ist, um es loslassen zu können. Immer und immer wieder. Die Vergangenheit war nicht mehr zu ändern, sie konnte nur noch ein Wegweiser für die Zukunft sein. Der Schmerz verblasst irgendwann, doch die Schönheit, die in den Momenten liegt, sehe ich heute viel klarer als zu jener Zeit. Weil Leben wächst, sich entwickelt, weil ich sehe, dass alles zusammenhängt, und ich mich über die Stärke freue, die ich gefunden habe. Manchmal muss man fühlen, was man nicht möchte, um zu verstehen, was man will.

Jahre nach Emil-Oceans Geburt lernte ich eine Frau kennen, die einen schwerbehinderten Sohn hatte. Sie erzählte mir, dass er bei der Geburt im Geburtskanal stecken geblieben war und nicht ausreichend Sauerstoff bekommen hatte, weil die Ärzte nicht schnell genug reagierten. Ich war dankbar. Für unseren

Weg. Auch wenn er anders war als erwartet. Diesen Weg können nur wir beschreiten.

Eine Geburt ist der Moment, in dem zwei Körper getrennt werden, während man im Herzen für immer verbunden bleibt. In dem ein neues Wesen seinen ersten Atemzug nimmt, zum ersten Mal das Licht der Welt erblickt. Doch es ist auch ein schmerzhafter Augenblick, körperlich wie emotional. Liebe, Schmerzen, Emotionen. Das ist das Leben. Und es wiederholt sich, in jedem Augenblick, in dem wir uns für Leben entscheiden, so wie jeden Morgen die Sonne aufgeht und die Wellen in ihrem ureigenen Rhythmus an Land branden.

Kontrolle

Mach den ersten Schritt im Vertrauen. Du brauchst nicht den ganzen Weg zu sehen. Mach einfach den ersten Schritt.

MARTIN LUTHER KING JR.

Grundsätzlich ist der Wunsch nach Kontrolle der eigenen Lebensumstände ein Basisbedürfnis unserer Psyche. Menschen haben den Drang, Dinge zu kontrollieren – und manchmal mündet dieses Verlangen in krankhaften Zwängen, um Einfluss zu nehmen und sich (vermeintlich) in Sicherheit zu wiegen.

Für ein unabhängiges Leben ist es von enormer Bedeutung, Kontrolle abzugeben und zu akzeptieren, dass Dinge nicht immer wie geplant ablaufen. Wenn du damit deinen Frieden machst, verhinderst du nicht nur Enttäuschungen, sondern verringerst Stress und kannst unverkrampfter und leichter durchs Leben gehen.

ÜBUNG

In welcher Situation in deinem Leben ist Kontrolle deiner Meinung nach unbedingt notwendig? Wenn du einen Lebensbereich für dich definiert hast (beispielsweise auf der Arbeit, im Haushalt, bei der Kindererziehung oder in deiner Partnerschaft), male dir das Worst-Case-Szenario aus.

- Was passiert, wenn du die Kontrolle abgibst oder sogar verlierst?
- Was wären die Folgen, wenn du Vertrauen hättest und dich darin übtest?
- Würde es über Leben und Tod entscheiden? Nein? Dann darfst du lernen, die Kontrolle loszulassen.

Kinder an die Macht

Peer

Es war ein schöner Tag im Herbst, etwa zwei Monate nach Emil-Oceans Geburt. Wir saßen mit einem Teil unserer Familie zusammen bei Kaffee und Kuchen. Nach den ersten anstrengenden Tagen des Wochenbetts, in denen wir uns erlaubt hatten, keinen Besuch zu empfangen (und damit einige Familienmitglieder ziemlich vor den Kopf gestoßen hatten), fühlten wir uns nun einigermaßen gerüstet für die Verwandtschaft. Emil-Ocean lag in seiner Schale, die wir in die Nähe des Tisches gestellt hatten, damit er bei uns sein konnte.

Plötzlich sagte ein Verwandter: «Solange die Kinder noch so klein und dumm sind, ist es doch wirklich einfach, Eltern zu sein.»

Mir fiel beinahe die Kuchengabel aus der Hand. Der Mensch, über den gesprochen wurde, saß mit uns am Tisch. Er war zwar erst zwei Monate alt und bekam – Gott sei Dank! – noch nichts von der Beleidigung mit. Aber es ging in diesem Fall ums Prinzip. Ich empfand es nicht nur als Beleidigung für Emil-Ocean, sondern auch ziemlich anmaßend, so allgemein abwertend über Kinder zu sprechen. Sind kleine Kinder und Babys wirklich dumm?

Wie geht man mit so einer Aussage um? Wie reagiert man

darauf, wenn ein anderer Mensch seine ureigenen, sinnlosen Glaubenssätze auf deine Kinder projiziert? In dem Satz steckte so einiges drin: Solange Kinder noch nicht sprechen können oder ihren eigenen Willen ausgebildet haben, muss man nicht auf sie Rücksicht nehmen. Ich meine: WOW! Wenn ich heute darüber nachdenke, bin ich beinahe noch entsetzter als damals – auch weil ich durch die ersten Lebensjahre mit Emil-Ocean und Yoko weiß, wie schlau Kinder in diesem Alter eigentlich sind. Auf jeden Fall schlauer als Menschen, die solche Aussagen verbreiten. Im Gegensatz zu denen, die sich in ihrem fragwürdigen Weltbild offenbar häuslich eingerichtet haben, lag meinem Sohn die Welt ja noch zu Füßen. Er könnte alles werden! Astronaut, Blumenhändler oder Bundeskanzler. Vielleicht würde er eines Tages ein Mittel gegen bislang unheilbare Krankheiten entwickeln. Oder der Welt durch sein liebendes Wesen einen Dienst erweisen. So oder so: Er war zwei Monate alt – nicht dumm.

Leider war ich in der Situation am Kaffeetisch nicht stark genug, mich vor meinen Sohn zu stellen. Mein Glück ist, dass Babys Sprache noch nicht verstehen. So kann ich mir auch heute sicher sein, dass der blöde Kommentar kein Unheil im Unterbewusstsein meines Kindes anrichtete.

Was aber, wenn man einem Dreijährigen, der ja durchaus schon verbal kommunizieren kann, immer wieder sagt, dass er zu laut ist? Schlecht isst? Nur Ärger macht? Oder dass er, ich zitiere, dumm ist?

Im kindlichen Gehirn ist die Schwelle zwischen Unterbewusstsein und Bewusstsein noch nicht ausgebildet. Was sie hören, durchläuft nicht den Prozess der Bewertung und Einordnung wie beispielsweise bei Erwachsenen, sondern wird automatisch als wahr erachtet. In der Situation am Kaffeetisch war ich als Erwachsener in der Lage, die Aussage zu reflektieren. Ein Kind hat diese Möglichkeit nicht. Deswegen glaubt es alles, was es hört – immerhin sind die großen Leute um das Kind herum dessen Schutzpersonen und Vorbilder zugleich. Es muss also stimmen, was die Großen sagen. Und das ist, mit Verlaub, oft totaler Käse.

Außerdem ist es ein Hinweis, wie ernst Kinder in unserer Gesellschaft genommen werden: gar nicht. Sie sind klein, sie sind dumm, sie haben nichts zu melden. Herzlichen Glückwunsch! Die kleinen Menschen haben sich in ihrem Leben noch nichts zuschulden kommen lassen, aber schon die ersten Glaubenssätze manifestiert, denen sie (und auch nur, wenn es gut läuft) irgendwann nur mit einer Menge seelischer Arbeit beikommen.

Das Gute ist: Wir wissen mittlerweile, dass nicht allein die Prägung durch die Familie, das Umfeld und die Bezugspersonen Einfluss auf die Persönlichkeit eines heranwachsenden Menschen hat. Die Erbanlagen sind glücklicherweise stärker. Ob ein Mensch chaotisch, hilfsbereit, musikalisch oder sportlich wird, liegt nicht (nur) daran, ob seine Eltern diese Eigenschaften gefördert haben. Es ist ein Zusammenspiel aus beidem, Anlagen und Prägungen. Deswegen haben Janni und ich uns auch dazu entschlossen, unsere Kinder nicht im klassischen Sinn zu erziehen, sondern sie in ihrer Entwicklung zu begleiten. Wir sind davon überzeugt, dass es nicht darum geht, Kinder irgendwie zu prägen – vielmehr verfolgen wir das Ziel, dass sie sich möglichst viel aus der kindlichen Persönlichkeit erhalten. Kreativität, Flow, Achtsamkeit, Neugier, Offenheit, Ehrlichkeit, Unvoreingenommenheit, Toleranz – all diese Fähigkeiten bringen Kinder bereits mit. Meines Erachtens macht sie das schlauer als manch älteren Menschen. Erst unsere Welt trainiert ihnen diese Anlagen wieder ab, weil unsere Betreuungsangebote normiert und die Schulsysteme ziemlich eindimensional und oft militärisch organisiert sind. Kinder lernen also, dass sie so, wie sie quasi «ab Werk» sind, nicht richtig sind –

und werden zu Erwachsenen. Diese Erwachsenen machen später im Leben, wenn sie sich eines Tages fragen, warum sie überhaupt jeden Morgen aufstehen und wer im Ehebett da eigentlich neben ihnen liegt, die Erfahrung, dass sie die kindlichen Fähigkeiten vollständig verloren haben. Sie besuchen Coachings, Trainings und Seminare, lesen Bücher und hören Podcasts, um genau diese Fähigkeiten von damals wiederzuerlangen.

Hand aufs Herz: Ergibt das irgendeinen Sinn? Mit so viel Aufwand Fähigkeiten zurückzuerlangen, die man als Kind meisterhaft beherrschte?

Nehmen wir mal die Achtsamkeit, die in den letzten Jahren groß in Mode gekommen ist (obwohl sie als Konzept schon seit Jahrhunderten existiert). Achtsamkeit heißt nichts anderes, als im Hier und Jetzt zu sein und seinen Fokus auf das Gegenwärtige zu lenken. Als ich unseren Sohn eines Tages dabei beobachtete, wie er vollkommen fokussiert und selbstvergessen einen Turm Bauklötze aufeinanderstapelte, dachte ich nur: Okay, kleiner Freund, von dir kann ich wirklich noch eine Menge lernen. Er dachte in diesem Moment nicht über das Mittagessen nach. Nicht über den Streit mit Janni ein paar Minuten vorher. Er war in Gedanken weder in der Vergangenheit noch in der Zukunft, weder in Angst noch in Trauer, sondern einzig und allein auf seine Aufgabe in der Gegenwart konzentriert.

Diese Fähigkeit, unserem Geist immer wieder Ruhephasen gönnen zu können, indem wir uns nur einer einzigen Sache widmen, haben die meisten von uns vollständig verlernt. Multitasking ist das Gebot der Stunde – möglichst viele Aufgaben gleichzeitig erledigen, um effizient zu sein und Zeit zu sparen, damit wir noch mehr unnütze Aufgaben in unseren Tag stopfen können. Zum Glück gibt es ein paar Wissenschaftler, die in der Zwischenzeit herausgefunden haben, dass Multitasking unseren IQ um bis zu 10 Punkte bei der Erledigung einer Aufgabe mindert. Mindert! Wir werden also doofer, wenn wir uns nicht nur einer Sache widmen, sondern auf vielen Hochzeiten gleichzeitig tanzen. Böse Zungen behaupten, Kinder wüssten das.

Bevor ich nun also Emil-Ocean aus seiner Konzentration reiße und ihn damit aktiv verlernen lasse, Achtsamkeit und Fokussierung zu trainieren, spielt er eben so lange, wie er spielen möchte. Das Mittagessen kann ich im Zweifelsfall einfach wieder aufwärmen. Hunger hat der Kleine offenbar auch gerade nicht – im Flow verspürt man nämlich keine körperlichen Bedürfnisse. Er hat nur ein erklärtes Ziel: seine Aufgabe fortführen.

Wie unfassbar dumm wäre ich, ihm diese Fähigkeit zu nehmen?

Oftmals habe ich bei meinen Kindern auch beobachtet, dass sie in diesen Phasen nicht zuhören. Nicht aus böser Absicht, sondern weil sie mich wirklich nicht hören. Ich kann das als Elternteil persönlich nehmen und meine Kinder daraufhin anpflaumen. Das ist so etwas wie eine Flow-und-Achtsamkeits-Verhinderungstaktik, denn ich bringe ihnen in diesem Moment ja bei, dass sie die Antennen immer aufs Außen richten sollen, ansonsten kriegen sie Ärger. Oder ich freue mich darüber, dass sie gerade wieder einmal alles um sich herum vergessen haben, und lerne von ihnen.

Anstatt Kurse zu belegen, in denen wir lernen, achtsam eine Rosine zu essen oder minutenlang unserem Atem auf der Reise durch unseren Körper zu lauschen, sollten wir uns viel häufiger ein Beispiel an unseren Kindern nehmen. Sie lehren uns Achtsamkeit, wie kein Zen-Meister es jemals könnte. Kinder wissen, was ihrer geistigen Gesundheit guttut – intuitiv. Das bedeutet, dass der Mensch die angeborene Fähigkeit hat, seelisch gut für sich zu sorgen. Würden wir viel häufiger in dem versinken, was wir tun, anstatt permanent von einem Ort zum anderen zu rennen, in Gedanken immerzu in der Vergangenheit oder der Zukunft, nie jedoch im Hier und Jetzt, wüssten wir viel besser, wie wir die vielen Reize und Impulse verarbeiten können, die tagtäglich auf uns einprasseln.

Stattdessen leiden wir unter Stress. Bekommen Burnouts. Oder Depressionen. Fühlen uns unzulänglich und überfordert. Kommen morgens nicht aus den Federn und finden abends nicht in den Schlaf. Die Maschine im Oberstübchen läuft ununterbrochen. Wir laufen und laufen und laufen, ohne den Weg, auf dem wir unterwegs sind, auch nur eines Blickes zu würdigen. Wir lassen uns permanent ablenken und haben es verlernt, den Blick nach innen zu richten.

Janni und ich versuchen, uns von Emil-Ocean, Yoko und Merlin so viel wie möglich abzuschauen. Auch von den sogenannten kleinkindlichen Sprüngen haben wir viel mitgenommen. Wenn ein Kind etwas Neues erlernt oder in eine Wachstumsphase kommt, geht es oft erst einmal zwei Schritte zurück. Das heißt, wenn am einen Tag das Krabbeln noch sehr sicher ging, kann es kurz vor den ersten Schritten zu einem motorischen Rückschritt kommen. Beim Sprechen ist es genauso: Unsere Kinder «verlernten» in den Tagen, bevor sie beispielsweise erste Sätze bildeten, manchmal Wörter, die sie eigentlich schon seit einer Weile sehr sicher beherrschten.

Als Janni und ich das zum ersten Mal bemerkten, waren wir überrascht und auch ein wenig verzweifelt. Wieso konnte Emil-Ocean plötzlich die viereckigen Klötzchen nicht mehr in die richtige Öffnung drücken? Das hatte doch bisher gut geklappt! Erst nach einiger Zeit begriffen wir, dass es sich bei diesem vermeintlichen Rückschritt viel mehr um ein Anlaufnehmen handelt. Bevor etwas Neues dazukommt, machen Kinder erst mal einen kleinen Schritt zurück – um kurz danach einen großen Sprung zu machen. Faszinierend, oder? Vor allem für uns Erwachsene, die wir ja grundsätzlich dazu neigen, jeden Schritt zurück als Scheitern zu verstehen. Egal ob es um den Job oder die Partnerschaft geht, um Einkommen oder die Größe des Autos: Wir kennen nur eine Richtung, und zwar nach vorn. Höher, schneller, weiter. Dabei merken wir oft nicht einmal, dass wir vor einer Barriere oder einem Hindernis stehen und im Begriff sind, daran zu scheitern. Wir wollen mit dem Kopf durch die Wand, anstatt einfach einen kleinen Schritt nach hinten zu machen, Anlauf zu nehmen und uns elegant über das Hindernis hinwegzusetzen. Kinder haben uns da einiges voraus. Sie kommen, bevor ein neuer Schub ansteht, oft erst einmal zur Ruhe, fokussieren sich und machen dann die nächste Entwicklung, egal ob es sich um geistige oder motorische Fähigkeiten handelt.

Doch ohne Phasen der Ruhe, des Durchatmens und der Konsolidierung kann es gar kein Wachstum geben. Das zeigt uns auch die Natur: Im Frühling schlagen die Pflanzen aus, im Sommer reifen sie, im Herbst schenken sie uns ihre Ernte, und im Winter ruhen sie. Wir Menschen kennen diese Prozesse, orientieren uns aber nicht an ihnen. Vielmehr rennen wir durch unseren Alltag, machen nicht mal am Wochenende halt, hetzen von einer Veranstaltung zur nächsten, dann geht es in den Urlaub, auch hier wollen wir was erleben, Zeit ist Geld, bald sind die Ferien schon vorbei, und dann geht der normale Stress wieder los.

Was wäre, wenn wir alle viel häufiger mal durchatmen würden? Uns Ruhepausen gönnen, zwei Schritte zurückgehen, durchatmen? Liegen lassen, was gerade nicht so wichtig ist? Keinen Kuchen für die Kollegen backen, die Spülmaschine mal nicht ausräumen, die Karriere für ein paar Tage vergessen? Ich bin davon überzeugt, dass wir alle viel produktiver, freudvoller und gelassener an unsere Arbeitsplätze und in den Alltag zurück-kehren könnten, weil wir unseren Gehirnen und unseren Körpern eine echte Pause gegönnt haben. Aus der Kreativitätsforschung weiß man, dass neue Ideen nur dann entstehen, wenn das Hirn ein paar Minuten Auszeit bekommt, beispielsweise durch einen Spaziergang, einen Powernap auf dem Sofa oder ein anregendes Gespräch.

Übertragen auf das große Ganze hieße das auch: Wir würden nicht wie verrückt die Checkliste des Lebens abarbeiten, ein Haus bauen, einen Baum pflanzen, ein Kind zeugen und dann auf die nächste Gehaltserhöhung und perspektivisch auf den Renteneintritt warten, nach dem das Leben hoffentlich endlich schöner wird. Wir würden unsere Scheuklappen abnehmen und die Welt um uns herum betrachten. Wir würden die Smartphones im Urlaub ausschalten, weil wir den Sonnenuntergang auf der griechischen Insel mit eigenen Augen und nicht durch die Linse unserer Handykamera betrachten würden. Wir würden ein köst-liches Mahl genießen, ohne gleich ein schlechtes Gewissen we-gen der zusätzlichen Kalorien zu bekommen. Wir würden die Be-förderung ausschlagen, weil wir lieber Zeit mit unseren Kindern, unseren Partnern oder unserem Hund verbrächten. Wir würden das Auto verkaufen, weil wir erkennen würden, dass es neunzig Prozent des Tages nur herumsteht. Wir würden in eine kleinere Wohnung ziehen, weil wir feststellten, dass das große Haus viel mehr Geld und Mühen kostet, als wir bereit sind, dafür auszuge-ben.

Wir würden leben, statt zu überleben.

*Statt zu sagen: Sitz nicht einfach nur da –
tu irgendetwas, sollten wir das Gegenteil fordern:
Tu nicht einfach irgendetwas – sitz nur da.*

THICH NHAT HANH

Einfach mal nichts tun. Kann doch nicht so schwer sein, oder? Tatsächlich wurden die meisten von uns im Nichtstun entweder nie geschult oder haben es mittlerweile wieder verlernt. Auch, weil der Müßiggang in unserer Gesellschaft so verpönt ist. Doch Pausen und Auszeiten, ja sogar Langeweile sind wichtig für Körper, Seele und Geist. So wie wir sechs bis acht Stunden Schlaf pro Nacht brauchen, brauchen wir gewisse Phasen am Tag, in denen wir unseren Gedanken nachhängen dürfen, ohne sie durch soziale Medien oder eine andere Ablenkung in eine bestimmte Richtung zu dirigieren.

ÜBUNG

Nimm dir heute fünf Minuten Zeit, in denen du nichts tust. Hör keinen Podcast, lies kein Buch, schau dir kein Video von einem bauchrutschenden Elefanten auf Instagram an. Sitze stattdessen einfach nur da und *sei*. Das klingt sehr einfach, ist aber ziemlich ungewohnt, wenn du darin nicht geübt bist. Versuche, die Unruhe in dir auszuhalten. Sie wird sich bald schon legen. Nimm wahr, was um dich herum ist: das trubelige Café, das Rattern der Straßenbahn auf den Gleisen, der Wind in den Bäumen im Park. Nach einer Woche des täglichen Trainings kannst du die Pausen um fünf Minuten verlängern – ganz so, wie du dich wohlfühlst. Versuche, mindestens einmal am Tag deinem Gehirn eine solche Pause zu gönnen.

Raus aus der Komfortzone

Als Janni zu mir nach Berlin kam, präsentierte ich ihr nicht nur stolz meine Heimat Kreuzberg und meinen Kiez, sondern zeigte ihr auch voller Inbrunst meine Wohnung. Natürlich erwartete ich, dass sie die Bude genauso geil fand wie ich. Immerhin hatte ich nicht gerade wenig für die Einrichtung springen lassen und mir wirklich Mühe gegeben, dass das Ganze auch irgendwie zu meinem Wesen passte. Und bislang hatten die Mädels durchaus positiv auf meine bescheidene Bleibe reagiert.

Nun ist Janni in so gut wie allem sehr anders als alle Frauen, die ich vor ihr traf. Deswegen stand sie mitten im Wohnzimmer, sah sich skeptisch um und nickte bloß, anstatt in Freudentaumel auszubrechen, wie ich mir erhofft hatte.

«Irgendwie fehlt mir hier was», meinte sie trocken.

«Dir fehlt was?» Ich konnte nicht verhindern, dass meine Stimme ungläubig klang.

«Ja. Gleichzeitig wirkt es ein wenig ...» Sie suchte nach Worten. «Inszeniert?»

Okay, das saß.

«Außerdem ist es ziemlich laut hier, oder?»

Wie auf Kommando fuhr in diesem Moment ein Krankenwagen vorbei, und eine weibliche Stimme brüllte irgendeinem Fahrradfahrer etwas hinterher, der mit typischer Berliner Schnauze konterte.

«Hier ist es eigentlich ziemlich ruhig», wiegelte ich ab. «Und grün ist es auch durch den Park vor der Tür.»

«Du meinst das vertrocknete Stück Gras mit den trostlosen Bäumen drumherum, zwischen denen sich die Drogendealer herumdrücken?»

Hm, guter Punkt. Zum Joggen oder für den Sonntagnachmittagsspaziergang war der Park nicht ideal, weil man alle Nase lang von zwielichtigen Kerlen angesprochen wurde, ob man Marihuana kaufen wolle. Aber immerhin war es grün vor der Haustür. Und das mitten in Berlin.

Doch das alles überzeugte Janni auch nach mehreren Wochen in meiner Wohnung nicht. Sie schlief schlecht, da sie die ständige Lärmkulisse der Stadt störte, während ich neben ihr wie ein Murmeltier pennte und von Sirenen, Gegröle und mehr überhaupt nichts mitbekam.

Da ich aber schon mit Kreuzberg und meinem Kiez nur bedingt gepunktet hatte, dachte ich: Peer, du musst den Stier bei den Hörnern packen. Also sagte ich: «Dann ziehen wir eben ans Wasser. Raus aus der Stadt.»

Das fiel mir, ehrlich gesagt, nicht gerade leicht. In der Komfortzone fühlt man sich nämlich meist pudelwohl, und die Wohnung war meine ultimative Komfortzone. Allerdings würde ich es hier nicht genießen können, wenn meine Traumfrau sich nicht wohlfühlte. Ich musste raus aus meinem kuschligen Nest – dafür musste ich ordentlich Anschubhilfe leisten. Fast wie bei einem Auto, das stehengeblieben ist. Am Anfang fällt es schwer, das Ding in Bewegung zu setzen, aber wenn man dann erst mal Fahrt aufgenommen hat, braucht man nur noch wenig Energie, um den Wagen vorwärtszurollen. Man kommt in den Flow, fühlt sich wohl, ist nicht zu sehr und nicht zu wenig angestrengt, sondern kann den Dingen einfach ihren Lauf und sich selbst überraschen lassen.

So kam es, dass wir nur wenige Tage nach unserem Gespräch eine unglaubliche Anzeige in der Zeitung fanden. Eine Erdgeschosswohnung in einem Traumhaus am See sollte vermietet werden. Erstbezug nach Sanierung, dunkle Holzdielen, gediegene, ruhige Wohngegend (später durfte ich feststellen, dass die Gegend sogar sehr, sehr ruhig war, vielleicht ein bisschen zu ruhig), Bootsanleger am Müggelsee und alles, was man sich wünschte.

Wir zogen schneller um, als ich Umzugsunternehmen sagen konnte. Raus aus der Stadt. Raus aus meiner Komfortzone. Mit Arschbombe in die bürgerliche Mitte.

Das war eine Nachbarschaft, wie ich sie noch nie erlebt hatte. Neue deutsche Spießigkeit traf auf Kleinbürgertum, das war für mich eine ganz schöne Umstellung. Eigentlich wartete ich jeden Tag darauf, dass sie uns das Schild für die Kehrwoche an den Gartenzaun hängten, um uns an unsere Pflichten der Gemeinschaft gegenüber zu erinnern. Das war von meiner Komfortzone nun wirklich sehr weit entfernt.

Am schönsten war es, wenn wir nicht zu Hause, sondern mit unserem Bötchen auf dem Wasser unterwegs waren. Erst dann verspürten wir ein Gefühl von Freiheit, das Janni in Neukölln und ich am Müggelsee schmerzlich vermisste. Nach einer Weile begriffen wir, dass wir nicht jede freie Minute auf dem See verbringen konnten, um uns endlich wohlzufühlen. Uns wurde klar, dass wir in einer Nachbarschaft, die unsere Lebenseinstellungen nicht zumindest ansatzweise teilte, niemals glücklich werden würden, egal wie groß die Terrasse der weißen Villa war oder wie gut die Luft roch, wenn man morgens das Fenster öffnete. Es kommt auf die Leute an, mit denen man Tür an Tür lebt.

Dort am Müggelsee, in diesem schönen Haus, ging es vor allem darum, den Schein zu wahren und nach außen ein perfektes Leben darzustellen. Hintenrum aber wurde man verpfiffen, wenn man mal sein Auto falsch geparkt hatte, obwohl eigentlich genug Platz für alle da gewesen wäre.

Wir blieben nicht lange dort. Stattdessen suchten wir weiter nach einem Platz zum Leben, an dem wir Menschen mit einem ähnlichen Mindset als Nachbarn haben würden. Leute, die der Natur wegen in der Natur wohnen wollten, nicht um sie hübsch zu inszenieren oder die Hecken mit der Nagelschere zu schneiden.

Beim nächsten Objekt, in das wir zogen, war ich mir absolut sicher: Das ist es. Der Hammer. Ein Ökohaus in Potsdam, das sich mit Strom und Wasser selbst versorgte, also Solarpanels auf dem Dach und einen eigenen Brunnen im Garten hatte. Lediglich das Trinkwasser bezogen wir über die Stadtwerke, Brauchwasser für Dusche, Toilette, Waschmaschine und Co. fiel praktisch vom Himmel. Viel näher kommt man in Deutschland an das autonome Wohnen nicht dran. Dazu hatte das Haus einen Kamin, der im Winter die Fußbodenheizung mit Wärme versorgte.

Auf den ersten Blick war es (wieder) perfekt. Beinahe zu perfekt. Und vielleicht hätten wir die Eigentümer fragen sollen, warum sie ausgezogen waren. Aber wir waren ja im Flow! Und das Glück stand auf unserer Seite. Deshalb fackelten wir nicht lange und unterschrieben den Mietvertrag. Was soll schon passieren?, dachte ich.

Wir zogen ein. Am Anfang war auch alles wunderbar. Unser selbstversorgendes Holzhaus stand inmitten einer hübschen Bauhaus-Siedlung.

Und war für die anderen ein Schandfleck, denn es war das einzige Gebäude weit und breit, das nicht wie ein Schuhkarton aussah. Ein Nachbar, erfuhren wir, hatte sich extra in Finnland meterhohe Tannen ausbuddeln und in den Garten einpflanzen lassen, um unser hässliches Hippie-Haus mit dem bewachsenen Dach nicht sehen zu müssen.

Die Nachbarschaft war aber erst mal gar nicht unser Problem. Viel heftiger war die Erkenntnis, dass so ein Ökohaus im Unterhalt unglaublich teuer ist. Wir zahlten dreitausend Euro Miete, und ich arbeitete den ganzen Tag, damit wir uns den Spaß irgendwie leisten konnten. Das Haus war außerdem so groß, dass es für Janni, die sich gerade um unseren neugeborenen Sohn Emil-Ocean kümmerte, ein Ding der Unmöglichkeit war, es einigermaßen ordentlich zu halten, vom Garten ganz zu schweigen. Also kamen noch ein Gärtner und eine Haushaltshilfe dazu. (Stell dir an dieser Stelle das Geräusch einer klingelnden Registrierkasse vor, die jedes Mal «Katsching!» macht, wenn ein neuer Posten aufgerufen wird.)

Ich arbeitete noch mehr. Wenn ich nach Hause kam, war ich dementsprechend fertig mit der Welt. Janni war überfordert, ich war am Ende meiner Kräfte, und das alles nur, weil wir in diesem tollen, selbstversorgenden Haus in Potsdam leben wollten, das uns die Haare vom Kopf fraß. Das genügte aber noch nicht, um bei uns den berühmten Klick auszulösen.

Es passierte erst, als wir ein Paar aus der Nachbarschaft mit traumhaftem Haus inklusive eigenem Steg, Seezugang und Badestrand etwas näher kennenlernten. Das waren immerhin keine Stasi-Nachbarn wie am Müggelsee. Aber sie spiegelten uns etwas, das wir uns bis dahin nicht hatten eingestehen wollen.

Es handelte sich um ein Pärchen in den Fünfzigern, sehr nette Leute, die gerade eine schwere Zeit durchmachten. Er war die vergangenen zwanzig Jahre um die Welt gejettet und hatte gearbeitet wie ein Irrer, um das Haus zu finanzieren. Seine Kinder hatte er so gut wie nie zu Gesicht bekommen, dafür einige Psychologen, denn er steckte in einer Lebenskrise, die zu allem Überfluss noch mit einer Depression und dem x-ten Burnout garniert wurde. Nun waren auch noch die Kinder ausgezogen, und das Paar stellte sich ein paar sehr unangenehme Fragen: Was hatten sie in den vergangenen zwei Jahrzehnten eigentlich getan, anstatt die eigenen Kinder aufwachsen zu sehen und Zeit miteinander zu verbringen? Der Gedanke, uns irgendwann in der gleichen Situation wiederzufinden, war ein Albtraum für uns und setzte etwas in Janni und mir in Gang. Denn auch wenn unser Sohn noch sehr klein war und wir in dem Haus nur zur Miete wohnten, wir uns also keine Verpflichtung für Jahrzehnte ans Bein gebunden hatten, spürten wir doch, dass wir uns im selben Hamsterrad befanden wie viele andere in dieser Siedlung. Wir arbeiteten, um zu leben. Oder eher: Wir arbeiteten, um zu überleben. Oder überlebten wir, um zu arbeiten? Wir wussten schlicht und ergreifend nicht mehr, warum wir uns das antaten.

Wenn wir Besuch bekamen, fielen die Reaktionen immer gleich aus: «Mein Gott, das ist ja ein unfassbares Haus! Es versorgt sich selbst mit Strom? Dieser Blick auf den Sonnenuntergang! Und die Glasfassade, die direkt in die Natur geht ... Ein Traum.»

«Ja, nur halt ein bisschen teuer», gab ich zu bedenken. «Ehrlich gesagt überlegen wir umzuziehen.»

«Aber ihr seid doch gerade erst angekommen.»

Na ja, und beinahe pleite, dachte ich, sagte es aber nicht.

Keine Frage, vom Haus als solchem waren wir überzeugt. Aber der Preis dafür war viel zu hoch, und damit meine ich nicht nur das Monetäre, und als Familie angekommen fühlten wir uns auch noch nicht.

Nach Yokos Geburt zogen wir schließlich die Reißleine. Mir war in den vergangenen Monaten aufgefallen, wie selten ich zu Hause war – und wenn doch, konnte ich dieses Glück einfach nicht fühlen, das wir nach außen ausstrahlten.

«Erinnerst du dich noch daran, was uns die Menschen auf unserer Reise gesagt haben?», fragte ich Janni eines Abends.

Sie nickte. «Nehmt euch Zeit für die Kindheit eurer Kinder.»

Damit fiel die Entscheidung. Erneut packten wir Koffer und Kisten und zogen in eine kleinere, eine viel, viel kleinere Wohnung: zwei Zimmer, Küche, Bad. Das konnte nun gar niemand mehr aus unserem Umfeld verstehen. Ehrlicherweise verstand ich es selbst nicht. Vor allem nicht, als wir ein Fernsehteam zu Besuch hatten und ich meinem Sohn und Janni vor laufender Kamera vollmundig verkündete: «Wir wollen uns ja bewusst verkleinern und minimalistischer leben, deswegen darf jeder nur einhundert Sachen mitnehmen!»

Währenddessen dachte ich: Einhundert Sachen?! Wie soll *das* denn gehen?

Es überrascht vermutlich niemanden, wenn ich verrate, dass wir ein bisschen mehr als einhundert Sachen pro Kopf mit in die neue Wohnung nahmen.

Fakt ist: Unsere Entscheidung konnte niemand verstehen, und es kam nicht nur einmal vor, dass man uns den Vogel zeigte. Trotzdem brachte uns die Wohnung ein Stückweit zu uns selbst zurück. Natürlich wurden wir nicht innerhalb von zwei Wochen zu Minimalisten, aber der Umzug führte bei uns doch zu einem Umdenken. Wie viel wollen wir besitzen? Was darf mit? Wie viel ist nötig, und worauf können wir verzichten? Es war ein weiterer großer Schritt raus aus einer Komfortzone, in der wir uns wieder einmal mit allem möglichen Kram sehr bequem eingerichtet hatten.

In dieser Komfortzone findet jedoch kein Wachstum statt und Transformation schon dreimal nicht. Wer sich verändern will, auch um sich treu zu bleiben, wird im Leben immer wieder dazu aufgefordert sein, nicht nur die eigenen vier Wände, sondern vor allem das Reich der Gewohnheiten und der Gemütlichkeit zu verlassen. Das bedeutet nicht, dass man jeder Annehmlichkeit abschwören und für immer wie Diogenes in einer Tonne leben muss (der warf der Legende nach am Ende ja sogar seinen einzigen Besitz, einen Becher, weg, weil er einen Jungen dabei beobachtete, wie er Wasser aus der hohlen Hand trank). Aber all diese Dinge und Strukturen, die wir um uns herum errichten, um uns wohlzufühlen, halten uns auch von der persönlichen Weiterentwicklung ab. Wir denken, dass wir die Dinge besitzen, aber in Wahrheit besitzen sie uns. Die Verkleinerung war unsere einzige Chance, unsere Ziele nicht aus den Augen zu verlieren.

Zugegeben, die kleine Wohnung ist Fluch und Segen zugleich. Denn einerseits sieht es drei Minuten nach dem Aufwachen der Kinder schon wieder chaotisch aus. Kinder in diesem Alter benehmen sich wirklich ein wenig wie Schimpansen – das ist vollkommen normal und richtig so, ihr Gehirn funktioniert ja noch nicht wie das eines Erwachsenen. Deshalb erkennen sie auch keinen Sinn darin, am Ende eines Tages die Bude aufzuräumen oder die Bauklötze in die blaue Tonne, die Autos in die rote zu werfen. Warum auch? Morgen holen sie ja doch wieder alles raus. Andererseits behält man die Kinder in einer kleinen Wohnung immer im Blick.

Und man kann in einem Spiel- und einem Schlafzimmer natürlich viel schneller aufräumen als in einem Haus mit zwei Etagen und sechs Räumen. Die neue Übersichtlichkeit und das Lebensgefühl, nicht mehr nur zu arbeiten, um ein Haus zu finanzieren, in dem man so gut wie nie ist oder das einem keine Freude bereitet, waren für uns absolut überzeugende Argumente, es in der kleinen Wohnung zu versuchen.

In der Welt, in der wir leben, steht Verkleinerung für Verschlechterung. Das Gehalt muss höher, das Haus größer, der Karrieresprung weiter werden. Ich habe nur selten von Menschen gehört, die sich bewusst gegen ihre Position mit Personalverantwortung entschieden und beruflich eine Stufe nach unten stiegen. Und ich kenne nicht viele beziehungsweise meist nur ältere Leute, die irgendwann aus ihren großen Häusern in kleinere Wohnungen umziehen. Einzig beim Gehalt beobachte ich aktuell eine Tendenz: Vor allem junge Menschen sind bereit, einen Job mit Sinn gegen eine Stelle mit gutem Einkommen einzutauschen, die ihnen keine Freude bereitet. Das gibt mir Zuversicht. Vielleicht wird der Rest ja eines Tages folgen.

Wir haben unsere Entscheidung auf jeden Fall niemals bereut, sondern empfinden sie als großes Geschenk. Wir wuchsen als Familie sogar enger zusammen, nicht nur, weil wir weniger Räume miteinander teilen, sondern weil wir mehr voneinander mitbekommen und mehr Zeit füreinander haben.

Klar, die Pandemie war für uns in dieser beengten Bude eine Herausforderung. Ich erinnere mich noch gut an die Worte der Stewardess, als wir im Frühjahr 2020 aus Costa Rica direkt in den ersten Lockdown zurückkehrten. Sie sagte zu mir: «Die Welt, wie Sie sie in Erinnerung haben, gibt es nicht mehr. Alles hat sich verändert, keiner darf mehr raus.»

Ach, dachte ich, wir haben ja unser tolles großes Ökohaus in Pots... ah, ne. Wir haben eine Zwei-Zimmer-Wohnung. Da wurde mir schon kurz mulmig zumute, aber ich muss sagen: Wir haben das als Familie richtig gut gemacht. Denn wir ließen uns alle auf das Experiment Verkleinerung ein und konzentrierten uns auf die Vorteile, statt den Nachteilen hinterherzutrauern. Wenn mich unser Sohn fragt, ob ich noch ein bisschen mehr Zeit habe, um mit ihm zu spielen, finde ich es wunderschön, in diesem Moment aus vollem Herzen Ja sagen zu können, weil ich mir keine Sorgen machen muss, dass wir die Miete nicht bezahlen können. Der Druck, nicht so viel Geld verdienen zu müssen, ist weg, stattdessen genieße ich es, meine Lebenszeit mit meiner Familie zu verbringen und meinen Kindern beim Aufwachsen zuzusehen. Das ist in meinen Augen das Wichtigste. Für uns hat es sich auf jeden Fall gelohnt, aus den gewohnten Bahnen auszubrechen und in ein neues Fahrwasser einzutauchen.

Wachstum
Dein Traumleben beginnt dort, wo deine Komfortzone endet.

Kennst du diesen gemütlichen Ort deiner Seele, der sich wie ein Netflix-Abend mit Chips auf einer XXL-Couch anfühlt? Dieser Bereich in deinem Leben, in dem du alles genau so machst, wie du es schon immer gemacht hast? Es handelt sich um deine Komfortzone. Hier warten kein Risiko, keine Herausforderungen oder Überraschungen auf dich. Hier läuft alles genau so ab, wie du es am liebsten magst.

Was du in dieser Komfortzone aber nicht erwarten darfst, ist persönliches Wachstum. Etwas Neues zu probieren oder etwas anders zu machen, kostet Überwindung und Anstrengung. Ist es das wert? Auf jeden Fall! Erfahrungen sorgen nämlich für ein gestärktes Selbstbewusstsein und unterstützen dich auf deinem Weg des persönlichen Wachstums.

Verlasse deine
Komfortzone

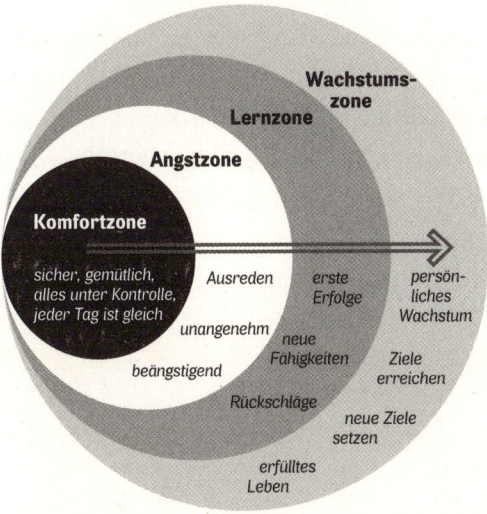

ÜBUNG

Bestimme einen Tag in der Woche, an dem du jemandem ein Kompliment machst. Einfach so. Ohne erkennbaren Grund. Du wirst merken, selbst dem Nachbarn einfach aus dem Nichts zu sagen, dass du seinen Kleidungsstil oder seine Frisur magst, wird dir schwerfallen und dich Überwindung kosten. Es geht darum, diese Angst zu überwinden. Denn erst hinter dem Überwinden der eigenen Ängste wartet das persönliche Wachstum auf dich. Dieser Nervenkitzel, nicht zu wissen, wie dein Gegenüber reagiert, macht dich um eine große Erfahrung reicher: Denn du wirst mit dieser einfachen Challenge auch in anderen Lebensbereichen mutiger. Damit du auch wirklich ins

Umsetzen kommst, mache dein Vorhaben jetzt einmal ganz konkret:

- Wem willst du ein Kompliment machen? (Nachbar, Mutter, Busfahrer ...)
- Wann willst du ihm oder ihr das Kompliment machen?
- Wie willst du ihm oder ihr ein Kompliment machen (persönlich, per Brief, Mail, Text- oder Sprachnachricht)?

Gut zur Welt heißt gut zu dir

Janni

«Woher soll ich das wissen? Ich trage doch keine Birkenstockschlappen!», entgegnete ich Peer leicht schnippisch.

Er stand entgeistert inmitten der Regale des «Hiperdino», eines kleinen spanischen Supermarkts, dessen Maskottchen ein grüner Dinosaurier mit riesigen Augen ist und der fußläufig von unserem Haus am Meer lag. Peer hatte wissen wollen, ob es auch Bio-Eier zu kaufen gebe. Für mich war «Bio» damals noch ein ziemliches Fremdwort und gehörte zu den Öko-Hippies, die Birkenstockschlappen trugen, Menstruationstassen benutzten und sich nicht unter den Achseln rasierten. Heute muss ich darüber schmunzeln. Welch Ironie des Schicksals, dass ich mittlerweile am liebsten diese bequemen Treter anziehe und auf herkömmliche Periodenprodukte verzichte. Gut, unter den Armen rasiere ich mich nach wie vor, aber darum geht es hier auch gar nicht.

Um kurz zu erklären, wie ich sozialisiert wurde: Als eine der Waschstraßen bei der Tankstelle im Ort zu einem Drive-in einer international bekannten Burger-Braterei umfunktioniert wurde und das riesige leuchtende Zeichen das einst authentische Fischerdorf «verschönerte», war es für uns das Größte. Endlich bekamen wir Anschluss, ein Stück vom kapitalistischen Glück, wurden Teilhabende am Konsum – oder vielmehr ein Opfer davon.

In meinen ersten Monaten in Berlin, wohin ich Peer nach unserem Kennenlernen in Tahiti gefolgt war, lebte ich wie im Schlaraffenland. Ich war jahrelang um die Welt gereist, hatte an einsamen Orten riesige Wellen gesurft und besaß kein einziges festes Paar Schuhe. Und plötzlich lag mir die bunte Welt des Konsums zu Füßen. Nur wenige Meter von Peers moderner Stadtwohnung entfernt lag ein Drogeriemarkt. Ich konnte mein Glück nicht fassen, plötzlich alles in greifbarer Nähe zu haben, was ich nur aus der Werbung kannte. Endlich bekam ich das Lockenspray, das meine zotteligen Wellen in Form brachte! Endlich den perfekten Augenbrauenstift und die Bodylotion, die meiner trockenen Haut Glanz verlieh. Ich konnte mir die neuesten und günstigsten Teile bei H&M kaufen und Milchschnitten essen, die ich aus meiner Kindheit von den Besuchen bei meiner Oma in Deutschland kannte. Auch Currywurst fand ich super. Und wenn mir alle zwei bis drei Wochen alles zu viel wurde und ich Sehnsucht nach Wellen bekam, stieg ich in den Flieger nach Fuerteventura und holte mir meine Portion Wüsteninsel und Meer.

Nach der Ausstrahlung von «Adam sucht Eva» wurden mir neue Jobs angeboten, auch in den sozialen Medien hatte ich mehr Follower. In der Zeit trudelten auch die ersten Werbekampagnen für Produkte ein, die ich auf meinen Kanälen vorstellen sollte, und ich fand es großartig, alles zu testen und mit den Leuten zu teilen. Mehr oder weniger über Nacht wurde ich zur Influencerin.

Das Meer und die Natur liebte ich zwar über alles. Doch beides war so weit weg von Berlin, und ich hatte gerade andere Sachen zu tun. Also dachte ich nicht oft darüber nach, welche Auswirkungen mein Konsum auf die Welt hatte. Langsam zog die Nachhaltigkeit in die Gesellschaft ein, und immer häufiger wurde ich auch für «faire» Produkte angefragt. Ich war dankbar für die Jobs, dennoch fühlte ich mich oft ein bisschen scheinheilig dabei. Tolle neue Produkte, die die Welt retten sollten. Aha. War das nicht ein Widerspruch? Warum einen neuen Lippenstift mit Verpackung aus recyceltem Plastik kaufen, wenn es der alte im Grunde noch tat? Am Ende blieb doch nur ein Häufchen Plastik und Pappe übrig, und keiner Schildkröte ging es dadurch besser. Greenwashing at its best! Aber es dauerte, bis ich verstand, was wirklich nachhaltig die Welt verändert und was im Gegensatz dazu nur das grüne Gewissen der Konsumenten anspricht, ohne einen echten Beitrag zur Verbesserung zu leisten.

Irgendwann erfuhr ich von Mikroplastik und von den miserablen, menschenunwürdigen Löhnen in der Modebranche. Davon, wie schlecht es den Riffen geht und wie fürchterlich Tiere gehalten werden, deren einziger Lebenszweck darin besteht, von uns eines Tages konsumiert zu werden. Ein unbekanntes Gefühl stellte sich in mir ein: Ich fühlte mich deswegen schlecht. War traurig. Und ich schämte mich.

Doch wie ich diesen Weltschmerz lindern konnte, war mir ein Rätsel. Immerhin wusste ich mittlerweile, dass ich dazu beitrug, dass es Mutter Natur jeden Tag schlechter ging – doch Konsum war ein Teil meines Daseins. Ich war abhängig von Dingen, die der Welt schadeten.

Einer von beiden muss zurückstecken, dachte ich damals. Bei der nächsten Einkaufstour im Supermarkt oder dem nächsten Kurztrip mit dem Flugzeug blendete ich mein schlechtes Gefühl wieder aus und dachte nur an mich. Damals wusste ich noch nicht, dass die Gesundheit der Welt und meine eigene eins sind. Ich löschte die Greenpeace-Newsletter wieder, bei denen ich mich irgendwann angemeldet hatte, weil ich die Bilder von Eisbären, die sich auf immer kleiner werdende Eisplatten retteten, nicht ertrug. Aus den Augen, aus dem Sinn. Ich konnte es sowieso nicht ändern. Beziehungsweise: Mir fehlte die zündende Idee, wie ich etwas anders machen konnte.

Und doch blieb mein Gefühl ambivalent. Greta Thunberg war mittlerweile eine Ikone geworden, Fridays for Future mischten die Gesellschaft auf. Ich bekam nicht nur einmal mit, wie ältere Menschen bei ihrem Namen die Augen rollten und stöhnten: «Diese Göre!» Gefolgt von Sätzen wie: «Was ist bloß aus der Jugend geworden?» Und: «Wir lassen uns das Fleisch und die Milch nicht nehmen!»

Es kam mir vor, als hätte sich die Welt aufgeteilt. Auf der einen Seite gab es die Leute, die den Klimawandel und die Herausforderungen, die unweigerlich auf uns zukommen, einfach ignorieren wollten, vor allem aber nicht in Bezug zu ihrem eigenen Verhalten setzen konnten. Auf der anderen Seite waren die Gretas dieser Welt, die sich vegan ernährten, nicht mehr flogen, der Wissenschaft zuhörten und Konsequenzen für ihr Leben daraus zogen. Dazwischen befand sich die breite Masse, die noch nicht so genau wusste, ob sie lieber pflanzlicher Linsen-Patty oder ein ordentliches Steak sein wollte.

Peer war zu diesem Zeitpunkt ein guter, wenn auch sehr radikaler Motivator, der uns schubweise in Richtung Nachhaltigkeit dirigierte. Dank ihm achteten wir auf Bio-Produkte, kauften uns ein Auto mit Elektroantrieb und zogen in ein Holzhaus in Potsdam, dessen Kamin das Wasser für den Fußboden und auch das Wasser für die Dusche heizte.

Doch genau, wie sich das Duschen in diesem Haus anfühlte (lauwarm und am Ende kalt), war der Weg zu mehr Nachhaltigkeit oft unbefriedigend, denn je mehr man selbst verzichtet, desto eher fängt man an, sauer auf alle anderen sein, die nicht auch in der Bio-Abteilung im Supermarkt einkaufen. Wir ernährten uns eine Zeit lang strikt vegan und sahen uns Dokumentationen an, die uns in unserem Tun bestärkten. Gingen unverpackt einkaufen, bewegten uns in der Stadt ausschließlich mit dem Lastenrad fort, reduzierten Flüge, machten alle Kurzreisen mit der Bahn. Wir kauften im Secondhandladen ein, fingen an, auf Inhaltsstoffe in Kosmetikartikeln zu achten, und probierten uns an Stoffwindeln, auch wenn dadurch unsere ganze Wäsche nach Pipi roch.

Wir gerieten in dieser Zeit wegen unseres Wunschs nach Perfektionismus oft aneinander. Manchmal schien es wie eine Art Wettbewerb, wer von uns beiden nun wie viel mehr getan hatte, um die Welt zu retten. Und wir entdeckten weiterhin so viele Lücken – wie bei einem von Motten zerfressenen Pullover, aus dem man irgendwie noch etwas zaubern will, aber feststellen muss, dass der Stoff fast nur noch aus Löchern besteht.

Unsere Unzufriedenheit wuchs. Ich wollte nicht mehr lauwarm duschen, Peer hatte genug davon, sich mit dem Edelstahlrasierer das Gesicht zu zerkratzen. Wir bekamen ständig Shitstorms auf Social Media für Dinge, die wir probierten, was uns enorm verunsicherte. Hatten wir ein unverpacktes Shampoo benutzt, war unsere Zahnpasta im Hintergrund verkehrt. Waren wir zu dem Dreh in Köln mit der Bahn gefahren, wurden wir beschimpft, weil wir in der Elternzeit nach Costa Rica geflogen waren. Wie konnten wir behaupten, dass wir vegan lebten, wenn ich doch neulich in der Stadt mit einem Eis gesehen worden war? Viele der nachhaltigen Kleidungsstücke, die wir für viel Geld erwarben, waren nach der ersten Wäsche im Eimer. Kam ein Geschenk von der Oma, das aus Plastik war und schillerte, fühlte es sich an, als sei ein Alien in unserem Wohnzimmer gelandet. So vieles aus der «normalen» Welt kam uns wie ein Angriff vor, und egal, wie sehr wir uns bemühten, es war einfach nie genug.

Als ich zum zweiten Mal schwanger wurde, hatte ich Heißhunger auf Rollmops und Sahnetorte, und ich aß sie mit schlechtem Gewissen. Ich bemerkte, dass große Teile meiner Positivität und Leichtigkeit zugunsten der Nachhaltigkeit auf der Strecke geblieben waren. Ständig waren wir im Außen. Was werden unsere Follower und Fans denken? Ist es richtig, wie wir es machen? Oder haben wir wieder irgendetwas vergessen oder übersehen? Mir fiel auf, dass meine Energie gar nicht mehr richtig fließen konnte, so sehr befürchtete ich, einen Fehler zu machen.

Wir hatten in dieser Zeit viele «Rückfälle»: Gönnten uns Käse, weil wir ihn lecker fanden. Kauften uns ein Markenshirt, weil die nachhaltigen Labels einfach nicht richtig saßen. Oder buchten uns in ein schönes Hotel ein und standen ewig unter der heißen Dusche. Danach fühlten wir uns, als wären wir vom richtigen Weg abgekommen. Wir konnten nichts mehr unbeschwert genießen! Gleichzeitig fühlten sich der Überfluss und der Konsum auch nicht mehr nach Glück an.

Heute denke ich, dass uns die richtige Motivation fehlte. Über das Wie waren wir uns im Klaren, aber das Warum lag immer noch im Dunkeln. Wollten wir Ökos sein, um unser Ego damit aufzupolieren? Oder um jemanden zu belehren? Vielleicht waren wir unserer Zeit auch voraus ... Um was ging es uns wirklich?

Wir lernen, indem wir erleben. Denn dann werden unsere Gefühle aktiviert, und wir können spüren, warum wir Dinge tun. Damit verliert auch an Kraft und Wichtigkeit, ob jemand davon erfährt oder nicht – unsere Überzeugung liegt in uns, nicht im Außen.

Schritt für Schritt lernten wir, vor allem dank unserer Kinder, was für *uns* eine bessere Welt ist. So fingen wir an, die Dinge wirklich neu zu betrachten. Wir folgten wieder unserem Gefühl, das uns sagte, was sich für uns richtig und was sich für uns falsch anfühlte. Und es war richtig, die Welt zu hinterfragen, sogar, dass wir eine Weile sehr radikal gewesen waren und uns vieles verboten hatten. Aber ebenso wichtig waren die Rückfälle.

Heute bedeutet Nachhaltigkeit für uns: Gesundheit, Transparenz und Natürlichkeit. Wir haben festgestellt, dass uns Dinge nicht guttun, die für die Welt schädlich sind – und umgekehrt. Je mehr wir uns selbst in unserer Essenz kennenlernen, desto weniger wir abgelenkt sind vom Außen, desto mehr lernen wir, nachhaltig zu leben. Wir wissen heute, dass ein nachhaltiger Alltag nicht nur bedeutet, wie groß unser ökologischer Fußabdruck ist, sondern dass auch eine gesunde Psyche eine wichtige Rolle spielt.

Es tut mir nicht mehr gut, um die Welt zu jetten, wie ich es früher getan habe. Der Körper kommt schon an, während die Seele hinterherreist – das ist kein schöner Zustand.

Es tut mir nicht mehr gut, Tiere und tierische Produkte zu essen, schon gar nicht jeden Tag, vor allem nicht, wenn auf den Lebensmitteln das Bild einer lachenden Kuh oder eines tanzenden Schweins abgedruckt ist. Es tut mir aber gut, ausnahmsweise ein Stück Fisch zu essen, wenn ich am Meer bin. Ganz bewusst und als Ausnahme.

Das Stillen der Kinder hat mir gezeigt, dass wir Menschen zwar als Babys keine Veganer sind, dass wir Kuhmilch, vor allem als Erwachsene, aber nicht mehr brauchen. Trotzdem werde ich von Zeit zu Zeit ein Buttercroissant essen.

Ich möchte meine Regale im Badschrank nicht mehr mit buntem Plastik zustellen, das mir leere Versprechungen macht. Ich möchte aber auch nicht auf das Kokosöl verzichten, mit dem ich mich jeden Tag einreibe.

Es bereitet mir große Freude, mich mit Menschen auszutauschen, die mit Leidenschaft die Kleidungsstücke herstellen, die ich trage. Es tut außerdem gut, nicht so viel Auswahl im Kleiderschrank zu haben und in vielen Bereichen des Lebens dafür zu sorgen, dass es simpel und transparent bleibt.

Wenn ich den Wunsch verspüre, den Kindern etwas Neues kaufen zu wollen, schaue ich zuerst bei eBay und finde oft gebrauchte Sachen, denen ich ein zweites Leben schenke.

Es erfüllt mich, wenn Emil-Ocean und Yoko mit Materialien spielen, die nicht nach Chemie riechen.

Trotzdem weiß ich, dass der Prozess der Nachhaltigkeit nie abgeschlossen ist. Mir ist außerdem klar, dass wir nicht perfekt sind; stattdessen aber echt und bewusst, ständig im Austausch und im Wandel. Wir machen uns Gedanken und wollen uns mit unseren Kindern weiterentwickeln, denn dieser Planet ist ihre Zukunft. Ich will ihnen nicht vermitteln oder vorleben, dass die Welt, in die wir sie gebracht haben, ein schlimmer Ort ist. Stattdessen sollen sie erleben, was man tun muss, um sie zu schützen.

Das Ziel kann nicht sein, dass eine kleine Gruppe von Menschen radikal auf *alles* verzichtet, auch wenn es vielleicht ein wichtiger Antrieb für die anderen ist. Echte Resultate erzielen wir erst, wenn wir für unser Zuhause – die Erde – miteinander kooperieren. Wir gehen diesen Weg bewusst weiter und empfinden es nicht als schmerzenden Druck, sondern als ganz natürlichen Teil der Verantwortung von Eltern im Jahr 2022.

Nachhaltigkeit

Genuss ist wichtiger Bestandteil der Selbstfürsorge und trägt zum seelischen Gleichgewicht bei – ein sinnliches Erleben ist ein wichtiger Teil eines erfüllten Lebens.

PEER KUSMAGK

Oft wird der Weg in ein nachhaltiges Leben als Verzicht empfunden, denn man gibt dafür lieb gewordene Gewohnheiten auf, die man lange genossen hat. Wie bei allen Gewohnheiten empfiehlt es sich deshalb, diese nicht ersatzlos zu streichen, denn so bringst du dich um den Genuss und die Belohnung, die sie ausgelöst haben. Wenn du dein Leben nachhaltiger gestalten möchtest, solltest du zuerst überprüfen, in welchen Bereichen du einen zufriedenstellenden Ersatz findest. Radikales Handeln (ab heute nur noch mit dem Rad zur Arbeit!) führt nämlich schnell zur Frustration, setzt dich unter Druck und mündet über kurz oder lang im Scheitern. Der Weg in einen bewussteren Konsum darf ruhig langsam sein und für dich vertretbare Kompromisse beinhalten. Wichtiger als extreme Neuerungen sind der achtsame Fokus auf die gewünschte Veränderung, das Abwägen von Vor- und Nachteilen und deine Motivation. Erst wenn du dein neues Handeln nicht mehr als Verzicht, sondern als Verbesserung empfindest, das langsame Tempo akzeptierst und dich nicht unter Druck setzt, kann Nachhaltigkeit zu einem umfassenden Lebenskonzept werden.

ÜBUNG

In welchen Lebensbereichen möchtest du zukünftig nachhaltiger leben? Welche Alternativen gibt es für dein konventionelles Handeln?

Lebensbereich	Heute	Zukünftig
Ernährung		
Mobilität		
Abfall		
Reisen		
Kommunikation		
Finanzen		
Kleidung		
Lifestyle		
...		
...		
...		

Nachrichten aus einem unbekannten Universum

Janni

«Wie kann man sich als Mutter so zeigen?»

«Wie verantwortungslos muss man sein, um seine Kinder im Netz so zu präsentieren? Habt ihr keine Angst vor Pädophilen?»

«Was arbeitet ihr überhaupt?»

Jeden Tag bekomme ich Nachrichten wie diese. Und manchmal frage ich mich: Wie schaffe ich es, mir Aussagen dieser Art nicht zu Herzen zu nehmen, sondern sie an mir abperlen zu lassen?

Ich hatte schon als Kind die Fähigkeit, mich aus meinem Körper zurückzuziehen. Wenn ich mit ernsten Themen konfrontiert bin und sich Dinge schwer oder verletzend anfühlen, werde ich oft zum Adler und schaue mir alles aus einer anderen Perspektive an. So kocht der Topf bei mir nie wirklich über. Eben weil ich in der Lage bin, das Feuer etwas runterzudrehen. Auch wenn ich den Hass, der mir entgegenschlägt, meist nicht verstehen kann, kommt er mir nicht allzu nahe. Ich weiß, dass nur meine «Hülle» und mein Ego angegriffen werden, aber meine Seele für andere Menschen unantastbar ist.

Trotzdem stimmt es mich traurig, dass meine Präsenz in den Medien und mein Beruf so viel Negatives in anderen auslösen können. Aber seitdem ich in den sozialen Medien aktiv bin, weiß ich, dass die Anfeindungen wie Hinweisschilder für mich sind, mich zu hinterfragen und mit den Themen auseinanderzusetzen, für die ich angeklagt werde. Manchmal regen mich die Kommentare zum Nachdenken an. Und manchmal weiß ich, dass der Hass, der mir entgegenschlägt, nichts mit mir zu tun hat.

Mein offener Umgang mit vielen Themen, aber auch meine Ansichten zu bestimmten Dingen triggern in einigen Menschen das, was sie selbst an sich stört, was sie gern anders machen würden, doch es fehlt ihnen der Mut dazu, oder sie denken, es sei unmöglich. Ich kratze ungewollt an Wunden und bekomme dann den Schmerz der anderen ab.

Mein ganzes Leben schon sehe ich mich mit den Ängsten und Anfeindungen anderer konfrontiert. Vielleicht ist es auch eine Form der Anerkennung. Ich bin in vielerlei Hinsicht so frei, dass mich manche Menschen dafür verachten – weil sie es nicht sind. Meine positive Lebenseinstellung ruft häufig negatives Echo hervor. Es klingt absurd, und das ist es auch. Vor Kurzem habe ich ein Zitat von Jiddu Krishnamurti gelesen: «Es ist kein Zeichen von Gesundheit, an eine von Grund auf kranke Gesellschaft gut angepasst zu sein.» Wahre Worte.

In unserer Gesellschaft ist leider ziemlich viel krank. Es gibt eine amerikanische Profisurferin, Alana Blanchard, die sehr aktiv in den sozialen Medien ist. Sie wuchs auf Hawaii auf und lebt heute auf der Insel in einem kleinen Haus am Meer. Sie berichtet oft über ihr Leben, ihre Ernährung, ihren Alltag als Mutter, plaudert über durchwachte Nächte und Höhen und Tiefen des Alltags. Da es auf Hawaii sehr warm ist, läuft Alana meist in kurzen Klamotten rum, genau wie ihre ganze Familie und ihre Freunde. Sie hat kein Problem, sich als Mutter in knappen Bikinihöschen zu zeigen. Ihr Sohn ist im Übrigen auch sehr oft präsent. Er hat eine wundervolle Kindheit: Eltern, die ihn lieben, das Meer direkt vor der Nase. Alanas Community, meistens Surfer, Sportler und Meeresliebhaber, lieben ihren authentischen Content, sie bekommt unglaublich viel Zuspruch.

Nun schalten wir zu mir und meinem fast gleichen Content und schauen genauer auf die Kommentare und Reaktionen einiger Menschen: «Du bist nur am Jammern, such dir mal lieber einen richtigen Job!» «Warum gehen eure Kinder nicht in die Kita?» «Vegan ernähren? Wieso drängt ihr euren Kindern eure Ansichten auf?»

Manchmal stelle ich mich der Diskussion, weil ich denke oder eher hoffe, dass ich etwas verändern kann. Weil ich sehe, dass wir vor so viel Angst haben, dass wir vergessen zu leben. Wir sind dermaßen in Furcht, weil sich manche Menschen an Kindern vergreifen, dass wir kein liebevolles Bild von einer Familie mit Kindern ertragen können, ohne es aus den Augen eines Pädophilen zu betrachten. Die Angst ist allgegenwärtig. Sie feuert uns an, wenn wir Kinder sehen, die keine Schwimmweste oder keinen Sonnenhut tragen, die nicht genauso sozialisiert werden wie alle anderen. Sie flüstert uns ein, dass wir uns vor frischem Obst und Gemüse fürchten sollten, vor Sport in der Schwangerschaft oder fremden Kulturen. Die Pandemie hat das noch verstärkt. Jeder dreht sich ohne Pause wie das Licht eines Leuchtturms um die eigene Achse und versucht, in alle Richtungen zu leuchten. Aber man kann nicht in alle Richtungen gleichzeitig leuchten, irgendetwas liegt immer im Dunkeln.

Wir misstrauen der Dunkelheit, und dieses Misstrauen macht uns noch ängstlicher. Wir haben immer Angst. Denn unsere Zeit läuft ab, wie in einer Sanduhr rinnen die Körner durchs Glas. Jahre rasen vorbei, in denen wir auf alles Mögliche geschaut haben, nur auf eines nicht: unser Leben. Unser Glück. Unsere Freiheit.

Und dann, eines Tages, wenn wir sterben, woran denken wir

zurück? Werden wir es nicht spätestens dann bereuen, so boshaft gewesen zu sein? So erhitzt? Uns mit Angst herumgeplagt zu haben, anstatt zu leben? Andere Menschen zu diskreditieren, uns gegenseitig aufzuhetzen?

Dann wird es zu spät sein.

Als ich damals mit den sozialen Medien anfing, war ich ehrlich gesagt schockiert – wenn auch nicht wirklich überrascht. Hater und Shitstorm waren überall, lauerten hinter jedem Beitrag. Ich zweifelte daran, in diese Gesellschaft zu passen. Vielleicht lebte ich auch einfach am falschen Ort? Oft fühlte ich mich wie ein Fremdkörper in diesem Land, da es mir so vorkam, als würde ich alles falsch machen. Gern hätte ich mich über die gemeinen Kommentare aufgeregt – und manchmal tat ich es auch –, doch im Laufe der Zeit begriff ich, dass ich die Situation so nicht verbessern würde. Frieden kann man nicht mit Kampf erzwingen, denn der Weg zu Frieden ist immer Frieden.

Also versuchte ich, mir die fiesen Mails und gehässigen Kommentare nicht zu Herzen zu nehmen. Ich las, was man mir schrieb, öffnete eine Schublade und sortierte es hinein. Dann machte ich mich auf zum nächsten Kommentar. Je mehr Reichweite ich erlangte, desto mehr Übung bekam ich. Und auch wenn ich es schade fand, gewisse Sachen nicht zu teilen oder Fotos wieder aus dem Content zu nehmen, gewöhnte ich mich im Laufe der Zeit daran, dass ich offenbar in einer Gesellschaft lebte, in der viele Menschen krank sind. Und ich hatte alle Hände voll zu tun, diese Krankheit von mir fernzuhalten. Es war anstrengend, denn negative Energie verfügt über große Macht.

Doch mir war klar, dass ich mich für Menschlichkeit und Gesundheit einsetzen wollte – und dafür, die innere Stimme der Menschen, die mir folgen, wieder lauter werden zu lassen. Ihr Gehör zu verschaffen und Raum zu geben. Den meisten Menschen, die in der Öffentlichkeit stehen, ist die innere Stimme ihrer Follower egal. Sie bleiben lieber in ihrer rosaroten Instagram-Blase, präsentieren makellose Bilder, perfekt eingerichtete und ausgeleuchtete Design-Räume und machen Werbung für Margarine. Ich aber höre den Ruf, mich für tiefgründige Themen einzusetzen, auch um zu verhindern, dass diese Themen verloren gehen.

Eines Tages war ich mit Emil-Ocean auf dem Spielplatz, als plötzlich eine Frau auf mich zu rannte. Von ihrer Körpersprache und der Art, wie sie so getrieben auf mich zukam, befürchtete ich fast, sie würde mich gleich anschreien, wie ich es zulassen könne, dass mein Sohn ihrem Kind den Bagger oder die Schippe weggenommen hatte. Doch stattdessen zog sie sich die Sonnenbrille ab, als sie bei mir angekommen war, und ich konnte sehen, dass sie Tränen in den Augen hatte.

«Danke!», sagte sie, etwas atemlos. «Einfach nur: danke. Alle haben mich fertiggemacht, meine Eltern, meine Schwiegermutter, selbst mein Ehemann hat gesagt, ich soll den Kleinen endlich abstillen. Ob ich denn wollen würde, dass er mit achtzehn noch bei uns im Bett schläft! Doch ich wusste, er braucht es noch, auch mit sechs Monaten», fuhr sie fort. «Dank dir und deinen Posts habe ich mich getraut, auf meine innere Stimme zu hören. Ich habe deine Texte sogar meinem Mann gezeigt, und er hat es endlich verstanden. Meine Schwiegermutter ist mir aber egal, pff!» Sie lachte und setzte sich die Brille wieder auf.

Wow, das haute mich wirklich um. Eine unglaubliche Liebe breitete sich in meinem Herzen aus, und ich fühlte mich verbunden mit ihrem kleinen Kind, das ich noch nie gesehen hatte. Es bekam von seiner Mama, was es brauchte, weil sie sich traute, auf ihr Kind zu hören, das noch nicht mal sprechen konnte, statt es anderen recht machen zu wollen.

Solche Erlebnisse habe ich immer häufiger. Selbst die Moderatorin einer Talkshow, zu der ich eingeladen war, zog mich nach dem Auftritt diskret zur Seite. Sie sah sich um, als wenn sie befürchtete, mit mir zusammen gesehen zu werden, wurde etwas rot im Gesicht und flüsterte: «Weißt du, auch ich stille unser Kind noch, es schläft sogar bei uns im Bett.» Sie sprach, als ob es eine Art Outing wäre und ich ihre Verbündete.

Momente wie diese sind der Grund, warum ich mich weiterhin für Frauen, Kinder und Familien und ihre seelische Gesundheit einsetze. Dabei war und ist es mir im Grunde vollkommen egal, wie lange eine Frau ihr Kind stillt, ob sie es in der Badewanne auf die Welt bringt oder im Ehebett schlafen lässt. Es geht mir einzig und allein darum, den Menschen wieder ein Stück Freiheit zurückzugeben und sie zu ermutigen, ihren Weg zu gehen und auf ihr Herz zu hören – unabhängig davon, was das Umfeld sagt.

Das Verrückte jedoch ist: Indem ich mich stark mache für die, die ihre innere Stimme verloren haben, mache ich mich noch angreifbarer. Es ist häufig anstrengend, mich von den Gehässigkeiten abzugrenzen, die mir entgegenschlagen. Das Letzte, was ich will, ist schließlich, selbst daran zugrunde zu gehen. Ich möchte trotz meiner Arbeit und meiner Aufgabe eine glückliche, ausgeglichene Mama für meine Kinder sein und nicht die Last von Problemen, die eigentlich nicht meine sind, auf den Schultern tragen. Es fühlt sich an manchen Tagen ein bisschen wie Seiltanzen an: Ich weiß, ich kann bis zu einem gewissen Punkt gehen, doch ich muss aufpassen, dass ich denen nicht zu viel Angriffsfläche gebe, die mich runterziehen wollen. Ansonsten komme ich aus dem Gleichgewicht und falle.

Aber ich werde auf die Probe gestellt, denn natürlich gab und gibt es Tage, an denen ich die negativen Reaktionen mit ins Bett nehme. Am schlimmsten war es nach einem Artikel über meine Arbeit in der WELT. Da sagte mir jemand, dem ich sehr nahestehe, ins Gesicht: «Du denkst wohl, du bist die Übermutter schlechthin!» Es war kein anonymes Profil mit einem Katzenfoto, das mich für das, was mir wichtig ist, beleidigte. Es war jemand aus meiner Familie. Ich sei abgehoben, warf man mir vor, würde zu viel in meiner Social-Media-Welt leben und solle mich doch mit meinen Instagram-Zicken streiten, bis ich schwarz werde. Ich sei nur auf Krawall aus.

Das traf mich – härter, als alle Shitstorms und Hasskommentare es zuvor vermochten. Denn die Kritik war aus dem innersten Zirkel gekommen, von Menschen, von denen ich glaubte, dass sie mich liebten.

Auch als wir kurz darauf aus gesundheitlichen Gründen ein familiäres Weihnachtstreffen absagen mussten, traf mich die Wut wie eine riesige Welle mitten ins Gesicht: «Wir verzichten gern auf eure Gesellschaft. Es wäre doch sowieso eine Ehre gewesen, dass sich die Promis mit uns getroffen und in unserem bürgerlichen Zuhause besucht hätten.»

Solche Worte muss man erst mal verdauen.

Peer und ich waren in der Vergangenheit oft allein, konfrontiert mit diesem Hass. Er kam von allen Seiten, so kam es uns vor, im Internet wie auch im «echten» Leben. Wir zweifelten manchmal an uns selbst. Waren wir auf dem richtigen Weg? Wir suchten Hilfe bei Psychologen und Therapeuten und brauchten Zeit, um zu verstehen, dass wir polarisieren. Und zwar indem wir etwas sehr Einfaches tun: unser Leben leben.

Irgendwann begriffen wir, dass es Dinge gibt, die wir nicht ändern können. Es gab und gibt einfach zu viele, die sich von uns auf den Schlips getreten fühlen, selbst wenn es uns fernliegt, sie mit unserem Verhalten, unserem Lebensentwurf oder unseren Ansichten zu verletzen.

Wir hielten zusammen. Sahen die Verantwortung, die wir für unsere kleine Familie hatten, schöpften Kraft, Mut und Hoffnung in schwierigen Zeiten und nahmen uns vor, immer eine Zuflucht für unsere Kinder zu sein. Wir wollten ihnen das sein, was wir selbst haben wollten und uns zeit unseres Lebens gewünscht hatten. «Be the change you want to see in the world!», sagte Peer ein ums andere Mal. Würden wir auf die Zustimmung einiger Kritiker oder Familienmitglieder warten, säßen wir vermutlich unser Leben lang da und würden ausharren, bis endlich Ruhe herrschte.

Wir nahmen uns selbst aus der Schusslinie und konzentrierten uns auf das, was uns wichtig ist. Den Rest ließen wir einfach da, wo er war: draußen.

Mit wachsendem Abstand wurden auch die Fragen leiser, die ich mir selbst stellte: Bin ich wirklich so anstrengend, wie einige sagen? Warum ist unser Ego häufig so dominant, dass wir es nicht mehr schaffen, über ihm zu stehen? Warum sind Menschen nachtragend? Was habe ich ihnen angetan, dass sie mit so viel Groll auf uns reagieren?

Ich begann zu verstehen, dass Menschen durch unterschiedliche Verletzungen, Lebensumstände und die fehlende Möglichkeit, ihr Leben nach eigenen Vorstellungen zu gestalten, geprägt werden. Sie verlieren den Zugang zu ihrer inneren Stimme. Ihr Ego ist voller Narben und Wunden, und sobald sie sich an diesen gekratzt oder auch nur gekitzelt fühlen, greifen sie an. Sie sind wie ein Stier, der auf ein rotes Tuch zu rennt – sie können quasi gar nicht mehr anders sein als in diesem Moment. Blindlings. Rachsüchtig. Gehässig. Es ist der Lauf der Dinge. Der Topf kocht über. Und es liegt an jedem Einzelnen, der Kontrolle über sein

Feuer hat, zu verstehen, dass man mit diesen Menschen ab einer bestimmten Temperatur eben nicht mehr kommunizieren kann. Wie weit wir sie und die Angst um ihre Existenz in unser Leben lassen, liegt jedoch bei uns.

Wenn es uns gelingt, wie ein Adler über den Dingen zu fliegen, kann uns auch das größte Feuer nicht berühren.

Als harmoniebedürftiger Mensch, der ich bin, kann es frustrieren, wenn ich anderen nicht dazu verhelfen kann, ihren eigenen Adler zu finden. Ich wünsche mir Licht und Liebe für alle, muss aber hinnehmen, dass ich in bestimmten Dingen hilflos bin. Peer sagte einmal zu mir: «Du musst deine eigene Hilflosigkeit akzeptieren.»

Heute ist meine Reaktion auf Hass und Angst: Love it, change it or leave it. Ich versuche, mehr Kraft und Energie in die Welt hinauszusenden, als mir an manchen Tagen entgegenschlägt, auch wenn es anstrengend ist. Aber das Licht kommt in mein Leben, wenn ich der Dunkelheit entsage. Vielleicht nicht von denen, die es auf mich abgesehen haben – aber auf anderen Wegen. So funktioniert das Universum. Und vielleicht, ganz vielleicht, öffnet sich ja doch etwas in den Menschen, die so sehr hassen, durch irgendetwas, was sie erleben oder durch das Leben an sich, sodass sie ihren eigenen Weg zur Liebe finden und sich unsere Adler irgendwann auf einer Ebene wiederbegegnen.

Herzöffnung

Man sieht nur mit dem Herzen gut. Das Wesentliche ist für die Augen unsichtbar.

Sicher hast du das Zitat schon einmal gehört. Es stammt aus dem Buch «Der kleine Prinz» des französischen Schriftstellers Antoine de Saint-Exupéry. Die meisten Menschen würden diesen Satz wohl sofort unterschreiben. Warum aber hören wir so selten auf das, was unser Herz uns rät? Die Antwort ist einfach: Wir trainieren diese Fähigkeit zu selten. Unser Herz ist ein Muskel. Um die Stimme des Herzens besser zu hören, musst du üben. Genau wie ein Sportler trainiert, um in seiner Disziplin besser zu werden. Regelmäßig im Dialog mit deinen Gefühlen zu sein, sie zu spüren und benennen zu können, öffnet dein Herz und lässt dich seine Stimme hören. Folgst du nur Normen, Konventionen und deinem Verstand, ohne auf dein Herz zu hören, stehst du deinem Glück im Weg. Denn dein Herz gehört nicht dir – du gehörst deinem Herzen.

ÜBUNG

Schaffe eine ruhige und friedliche Atmosphäre, suche dir eine bequeme Position und schließe die Augen. Stelle dir bei jedem Einatmen vor, dein Herz würde wie eine Blume aufblühen. Lass den entstehenden Gedanken und Gefühlen freien Lauf und spreche sie laut aus. Auf diese Weise öffnest du dein Herz und verleihst ihm im wahrsten Sinne des Wortes eine Stimme.

Bringt ein Flugzeugabsturz dich nicht um, übernimmt es die Panik

Janni

Irgendwas hat sich an den Geräuschen des Motors verändert. Eben noch röhrten die Turbinen und gaben einen hohen, monotonen Ton von sich. Dann plötzlich, mit einem Mal, wurde es ganz still.

Meine Finger krallen sich noch fester in die Armlehnen, und ich höre auf zu atmen. Es kommt mir vor, als würde von einer Sekunde auf die andere alles stillstehen. Meine Atmung. Das Flugzeug in der Luft. Mein Leben.

Einen Wimpernschlag später fängt die Maschine an zu wackeln.

Darauf habe ich gewartet. Ich wusste es! Gleich kommt bestimmt ein richtig schlimmes Luftloch. Vermutlich werden die Lichter ausgehen, und alles wird dunkel werden, auch der Bildschirm vor meiner Nase, auf dem ich die Flugbahn verfolge. Wir sind mitten über dem Atlantik. Offenes Meer. Kein rettendes Ufer weit und breit.

Peer spielt mit Yoko, als ob nichts wäre, die beiden lachen sogar. Wie können sie nur? Auch die Frau vor mir scheint nichts mitzubekommen. Während sie sich irgendeinen Film anschaut, zieht sie sich kuschelige Socken an und nippt seelenruhig an ihrem Glas Wein.

Was ist denn nur mit allen los? Wieso reagiert niemand?

Ich fühle mich wie gelähmt, traue mich nicht, mich zu bewegen. Ich bin starr. Ohne Atem. Ohne Mimik.

Angst. Panik. Tod.

Ich schließe die Augen, erinnere mich an die Ratgeberseite im Internet, die ich bei der Websuche gefunden habe. Ich rekapituliere meine Glaubenssätze: Fliegen ist sicher, Turbulenzen sind normal, der Pilot weiß, was er tut. Das Leben ist auf meiner Seite.

In meinem Kopf erklingt eine Melodie, und ich summe den Text mit: «*No need to run and hide, it's a wonderful, wonderful life ...*»

Meine Mundwinkel wandern langsam nach oben. Ich lächele ein wenig, versuche zu atmen, auch wenn ich die Luft noch nicht tief, sondern eher flach in meine Lungen lasse.

Plötzlich geht das Anschnallzeichen wieder aus, und eine beruhigende Wärme breitet sich in meinem Bauch aus. Ja, die halbe Strecke über den Atlantik liegt noch vor mir. Doch die andere Hälfte haben wir bereits hinter uns gebracht.

Ich finde einen angeknabberten Riegel von den Kindern im kleinen Netz vor mir und beiße hinein, versuche zu entspannen wie die Frau vor mir mit ihrem Spielfilm, den Kuschelsocken und dem Glas Rotwein.

Genießen. Vertrauen. Leben.

Es fühlt sich an, als hätte ich irgendetwas geschafft. Ich weiß noch nicht so recht, was, denn eigentlich habe ich – zumindest körperlich – noch nie so wenig getan wie in diesem Moment mit meinen leicht geschwollenen Beinen und dem fest zugezogenen Gurt auf dem Flugzeugsitz in der hinteren Reihe. Doch in meinem Kopf hat sich irgendwas gelöst. Als ob eine Wasserleitung in einem komplexen Rohrsystem verstopft gewesen wäre und zu platzen drohte. Nun kann es endlich wieder fließen.

Endlich kann ich mich auch wieder wahrnehmen. Eben noch war ich eine Frau, die ihrer Angst komplett ausgeliefert war. Die eigentlich gar nicht mehr sie selbst sein konnte. Mit einem Mal kann ich mich wieder sehen, wenn auch noch von weit weg. Ich rede mir gut zu: Hey, das hast du gut gemacht. Meine Schultern sacken nach unten.

Was war das gerade? Wann habe ich verlernt zu vertrauen?

«Früher», sage ich zu Peer, «war mir alles total egal. Da stieg ich in das Flugzeug einer Airline, die in Europa auf der schwarzen Liste stand, und dachte: ‹Wenn nun alles vorbei ist, dann ist es eben vorbei, dann soll es halt einfach so sein, und ich freue mich über das bombastische Leben, das ich führen durfte.›»

«Aber so ist es doch immer noch», erwidert Peer gelassen. «Wenn das Flugzeug abstürzt und alles vorbei ist und wir nichts tun können, selbst für die Kinder, dann *ist* es eben so. Auch das müssen wir dann akzeptieren.»

Ich will sofort etwas entgegnen und bilde in Gedanken einen Satzanfang: *Aber* ... Doch selbst in meinem Kopf kann ich die Erwiderung nicht zu Ende bringen. Peer hat recht. Trotzdem fällt es mir schwer, die Erkenntnis anzunehmen.

Ich erinnere mich an einen Augenblick in meiner Kindheit. Ich war sieben, als ich nach dem Tod meines Bruders durch einen ärztlichen Behandlungsfehler zu meiner Mutter sagte: «Es ist, wie es ist.»

Ich habe damals scheinbar nicht viel geweint, obwohl Dennis meine bessere Hälfte war. Ich konnte dennoch sehen, wie es war, nämlich genau so, *wie* es eben war. Etwas anderes blieb uns auch gar nicht übrig. Was sollte man sonst auch sagen oder tun? Manchmal sind wir uns doch der beste Ratgeber, nur dass wir uns viel zu selten selbst begegnen.

Und manchmal eben nicht im richtigen Augenblick.

Ich hätte nicht gedacht, dass ich im Alter von sieben Jahren einmal Lebensweisheiten von mir geben würde, die mir ein Vierteljahrhundert später helfen könnten. Aber wie so oft ist es das innere Kind, zu dem wir wieder eine Verbindung aufbauen dürfen, um das Leben zu verstehen. Um die Leitung frei zu machen. Um zu atmen. Um im Fluss zu bleiben.

Meine plötzliche, befremdliche Angst ist sicher nicht unbegründet. Auf meinem Platz im Flugzeug sitze nicht nur ich. In meinem Bauch ist das dritte Kind, das Peer und ich erwarten. Ich bin im fünften Monat schwanger. Und an manchen Tagen wiegt die Verantwortung so schwer, dass ich sie kaum tragen kann, auch wenn das Baby in mir nicht mal 250 Gramm auf die Waage bringt.

Aber was ist eigentlich Verantwortung? Ist nicht mehr zu atmen schon eine Vernachlässigung der Verantwortung? Sofort bekomme ich ein schlechtes Gewissen und male mit dem Fuß Kreise in die Luft, so wie es mir die Frauenärztin empfohlen hat. «Immer in Bewegung bleiben», sagte sie vor unserer Abreise.

Wieder kommt mir der drohende Flugzeugabsturz in den Sinn. Diesmal kann ich das Bild aus meinem Inneren entspannt betrachten, fast so, als wäre es aus einem Film, den ich anschaue, der in diesem Moment aber keine Relevanz für mich hat. In meinem Kopfkino fallen die gelben Sauerstoffmasken von der Decke. Ich erinnere mich an einen Satz aus der Sicherheitseinweisung vor dem Start: «Ziehen Sie sich zuerst selbst die Sauerstoffmaske auf, erst dann können Sie anderen helfen.»

Wenn mein Kopf doch eigentlich vernünftig ist, warum sind meine Emotionen dann derart irrational? Wieso kann ich anderen so schwer vertrauen, loslassen und leben? Einfach: atmen? Zuversichtlich sein?

Ich sitze zwar noch immer im Flugzeug, doch ich bewege

mich tiefer hinein in meine Ängste und diese Blockade. Mir fällt auf, dass ich nicht nur auf dem Flug heute Angst habe. Ich fühle, dass ich diese Angst auch schon in anderen Situationen gespürt habe.

Ich sehe mich vor dem inneren Auge an einer Kreuzung stehen. Ich muss eine grundsätzliche Entscheidung treffen: Will ich mich meiner Angst hingeben und erlauben, dass sie meine Wahrnehmung trübt? Meine Sicht einschränkt und mich unsicher werden lässt? «Nein!», ruft mein Ich aus der hinteren Reihe und springt energisch aus dem Sitz hoch. «Auf gar keinen Fall.»

Ohne zu wissen, wohin die andere Straße führt, laufe ich entschlossen los, mache Schritte ins Ungewisse, Schritte ins Leben. Während ich mich von der Kreuzung entferne, spüre ich, dass ich wieder tief durchatmen kann. Vor lauter Erleichterung, in die richtige Straße abgebogen zu sein, beginne ich zu verstehen.

Angst ist das Gegenteil von Liebe. Nicht Hass, wie immer alle sagen. Sondern Angst.

Die Erkenntnis lässt mich langsamer werden. Ich setze mich an den Straßenrand und lege den Kopf auf meine aufgestützten Arme. Plötzlich spüre ich, wie sich die Angst neben mich setzt wie eine gute Freundin, mit der man schon Jahre nicht mehr geplaudert hat.

Sie legt mir die Hand auf die Schulter. «Manchmal ist es einfach sehr viel Verantwortung, die wir uns zumuten. Ich bin nicht ohne Grund hier.»

Ich nicke, als ich begreife, dass die Angst nicht die Ursache ist – nur ein Symptom. Sie ist kein Feind, ich darf sie wertschätzen. Angst möchte gesehen werden, ihre Präsenz ist ein Geschenk, eine Einladung, an ihr zu wachsen, mich ihr zu stellen und stärker zu werden. Keine Angst, die ich einmal wirklich überwunden habe, wird mich noch mal bremsen oder lähmen. Man kann negative Gefühle erst neutralisieren, wenn man sie ins Herz lässt. Dann verlieren sie ihre Kraft.

Ich ziehe meine Angst in eine innige Umarmung. «Komm zu mir, ich nehme dich mit in mein schönstes Zimmer. Du bist willkommen.»

Sie wollte schon so oft mit mir reden, mir etwas sagen. Und konnte mich nicht erreichen, weil ich ihren Ruf nicht hören wollte.

Meine Angst hat sich mir gezeigt, aber ich habe sie nicht sehen wollen. Wie vor ein paar Wochen, als sich Yoko an ihrem Müsli verschluckte. Hätte ich nicht geistesgegenwärtig reagiert, hätte sie sterben können. Danach war ich oft panisch, wenn meine Tochter etwas aß und dabei lachte oder mit einem Keks im Mund durch die Gegend lief. In vielen Momenten, in denen eigentlich keine Gefahr lauerte, war ich trotzdem wie erstarrt und gelähmt.

Nun stelle ich mich dieser Angst, meiner alten Freundin. Ich erzähle ihr, wie hilflos ich mich oft fühle, weil ich im Grunde nicht weiß, was ich tun soll. Was, wenn sich Yoko wieder einmal verschluckt?

«Lern die wichtigsten Handgriffe. Übe dich in Gelassenheit. Du kannst nicht alles kontrollieren», sagt die Angst.

Stunden später kommen wir endlich in Costa Rica an und checken für die ersten Tage in ein Flughafenhotel ein, um die lange Reise zu verarbeiten. Wir bekommen ein Zimmer im vierten Stock mit einem wundervollen Panorama auf einen riesigen Vulkan, über dem morgens die goldene Sonne aufgeht.

Als wir den Jetlag mit zwei Kleinkindern in der dritten Nacht endlich einigermaßen hinter uns gelassen haben und ich am Abend todmüde ins Bett gefallen bin, wache ich mitten in der

Nacht auf. Ich bin schweißgebadet, mein Puls rast, die Sorge vor einem plötzlichen Erdbeben ist übermächtig.

In der Dunkelheit taste ich nach meinem Handy und suche im Internet nach Antworten. Tatsächlich befinden wir uns in einer Erdbebenregion. Ich informiere mich über die Sicherheitsmaßnahmen für den Fall, dass der Boden plötzlich zu wackeln anfängt.

Mein Blick geht in eine Ecke des Raumes. Meine Freundin, die Angst, hebt müde den Kopf.

«Ich danke dir», flüstere ich ihr zu. «Dass du mir zeigst, wo ich mich unsicher fühle. Und die Vorstellung loslassen darf, wie ich panisch in einem Treppenhaus oder irgendwo eingeklemmt im Fahrstuhl stecken bleibe. Mir ist jetzt klar, dass ich bei einem Erdbeben vor allem ruhig bleiben sollte. Statt planlos herumzurennen, suche ich Schutz in einem Türbogen.»

Die Angst lächelt mir zu. Dann verschwimmt sie mit der Dunkelheit und wird mit einem Mal unsichtbar.

Ich schließe die Augen, atme tief durch und denke an einen Satz, den ich gerade gelesen habe und der mir besonders in Erinnerung geblieben ist: «Panik kann tödlich sein.»

Angst
Wir haben nichts zu verlieren außer unserer Angst.

RIO REISER

Gefühle sind die Sprache deiner Seele und machen dir ihre Bedürfnisse sichtbar. Auch negative Gefühle wie Angst oder Furcht haben deshalb eine wichtige Funktion und sollten genau wie positive behandelt werden. Sie dürfen sein, ohne bewertet zu werden, und gehen vorbei, wenn du ihnen den Raum gibst. Wenn es dir gelingt, deine Ängste zu überwinden, wird dein Leben ausgeglichener und freudvoller sein, weil sich die Energie der negativen Emotionen im Körper nicht festsetzen kann.

ÜBUNG

Behandle deine negativen Gefühlen wie deine positiven. Was machst du zum Beispiel, wenn du verliebt bist, eine Beförderung bekommen hast oder dein Urlaub naht, mit deinen positiven Gefühlen?

1. Du lässt das Gefühl zu, genießt es und gibst ihm Raum.
2. Du möchtest es in Worte fassen. («Könnte die ganze Welt umarmen!»)
3. Du bewertest es nicht.
4. Du teilst dein Gefühl mit anderen Menschen.

Auf die gleiche Art und Weise solltest du in Zukunft auch deine negativen Gefühle behandeln. Sonst verdrängst du sie und wirst, wenn sich einige unverarbeitete Gefühle angesammelt haben, davon eingeholt, und das kann langfristig zu psychischen und körperlichen Problemen führen. Versuche, deine negativen Gefühle in Zukunft ganz bewusst nach diesen vier Schritten zu behandeln. Besonders wichtig ist es, sie in Worte zu fassen und zu benennen, damit dein Gehirn sie abspeichern kann und, wenn sie das nächste Mal auftreten, keine Angst auslösen muss, sondern sie einordnen kann. Dieses einfache Prinzip benötigt etwas Übung, trägt aber schon nach wenigen Anwendungen zu deiner emotionalen Entlastung bei.

Neue Väter braucht das Land

Peer

Ich liebe Buchläden. Sie verströmen einen sehr eigenen Geruch, der mich an französische Papeterien erinnert, wunderbare vollgestopfte Geschäfte, in denen man vom handgeschöpften Briefpapier bis zu kleinen Notizbüchern und Stiften in jeder erdenklichen Form und Farbe alles bekommt, was das Herz begehrt.

Nun kann man eine Bahnhofsbuchhandlung in Frankfurt nicht mit einer inhabergeführten Papeterie in Paris oder Marseille vergleichen, dennoch zieht es mich, wenn ich ein paar Minuten Aufenthalt an einem Bahnhof habe, stets in diese Läden hinein. Meist lande ich vor den Oldtimerzeitschriften, manchmal passiert es mir beim Schlendern durch das Geschäft jedoch, dass ich vor einem Buchstapel stehen bleibe.

So auch heute. Ich bin in der Abteilung Erziehungsratgeber gelandet. Passenderweise steht der Büchertisch direkt gegenüber dem Regal mit den Automagazinen, offenbar hegt der Buchhändler die Hoffnung, dass sich einige Väter hierher verirren.

Mein Blick gleitet über die Cover. Bunt sehen sie aus und freundlich. Wohlwollend. *Erziehen ohne Schimpfen. Bedingungslose Elternschaft. Das glücklichste Kind der Welt. Jedes Kind kann schlafen / essen / Regeln lernen.* Hört sich alles toll an. Ob die Autoren dieser Bücher selbst Kinder haben? Fraglich. Beim

Durchblättern finde ich Bilder von glücklichen Kindergesichtern mit Milchzahnlücken, jeder Menge pädagogisch sinnvollem Holzspielzeug und attraktiven Eltern, die in ihrer schick eingerichteten Wohnung mit dem Baby auf dem Schoß auf dem gepflegten Boden sitzen. Auf dem Boden! Das kann man bei uns auch, allerdings würde ich es niemandem empfehlen. Die Wahrscheinlichkeit, dass man sich in ein spitzes Kleinteil oder etwas Klebriges / Krümeliges hineinsetzt, ist nicht gerade gering, und das, obwohl wir eigentlich recht reinlich sind.

Mein Zug fährt in ein paar Minuten, also kaufe ich das Oldtimermagazin und gehe ans Gleis. Fünf Minuten später schiebe ich mich durch die Sitze des Großwagenabteils, muss dafür die Familienzone durchqueren und entdecke auf einem der Vierertische doch tatsächlich eines der Bücher vom Stapel gerade eben. *Mit Liebe Grenzen setzen* oder so ähnlich. Auf dem Cover krabbelt ein vielleicht zweijähriger Junge, der meinem Sohn ähnlich sieht, gerade eine Küchenfront hinauf.

Die Frau, der das Buch zu gehören scheint, nickt mir freundlich zu, als sie meinen Blick bemerkt. Neben ihr liegt ein Säugling in einem Maxi Cosi und nuckelt an irgendwas, gegenüber sitzen ein Junge und ein Mädchen, vielleicht drei und sechs Jahre alt. Sie kritzeln schweigend in ihren Ausmalbüchern, vor ihnen stehen Tupperdosen mit geschnittenen Paprikastreifen und Apfelschnitzen.

Ich gehe weiter. Vielleicht sollte ich auch mal so einen Ratgeber lesen. Dabei fühle ich mich eigentlich gar nicht schlecht beraten. Immerhin hat mir das Leben selbst schon so einiges über das Elternsein und die Höhen und Tiefen der Erziehung beigebracht – und vor allem hat mich jedes meiner Kinder etwas Wichtiges gelehrt.

Bei Emil-Ocean lernte ich, und zwar sehr schnell, dass es von elementarer Wichtigkeit ist, in der Zeit des Wochenbetts die Wohnung zu einer absoluten Sperrzone zu erklären. Spoilerwarnung: Das kommt bei der Verwandtschaft nur bedingt gut an. Aber Oma und Opa müssen sich nach der Geburt des neuen Erdenbürgers gedulden. Denn das Wochenbett ist dafür da, dass sich die frischgebackenen Eltern und das Baby kennenlernen, die Strapazen der Geburt verarbeiten und langsam im neuen Alltag ankommen.

Dieser Alltag ist übrigens bei jedem neu dazukommenden Kind eine Herausforderung. Wer denkt: Ach, beim ersten hat es doch auch geklappt!, wird schnell eines Besseren belehrt. Beim ersten Baby ist alles neu und aufregend und anders, beim zweiten gibt es ja aber noch ein anderes Kind, das man für die kommenden vier Wochen (bis achtzehn Jahre) nicht einfach in die Besenkammer sperren kann. Und wenn das dritte kommt? Frag nicht nach Sonnenschein. Tauchen dann auch noch die Großeltern, Tante Helga, Patenonkel, Freunde, Geschwister und der Postbote auf, kann es nicht nur eng, sondern auch problematisch werden.

Schon bei unserem ersten Kind plädierte Janni dafür, in der Zeit des Wochenbetts, also etwa vier Wochen nach der Geburt, keinen Besuch zu empfangen. EGAL von wem. Kam nicht gut an und klappte deshalb auch nicht besonders gut. Ein paar Tage konnten wir uns gegen die Familie durchsetzen, dann war die Geduld der anderen ausgereizt. Ich werfe mir heute noch vor, dass ich es nicht geschafft habe, die Verwandtschaft von uns fernzuhalten. Die Widerstände waren einfach zu groß, und ich war zu diesem Zeitpunkt noch nicht so weit, um meinen Standpunkt durchzusetzen. Im Nachhinein ärgere ich mich sehr, Janni damit in den Rücken gefallen zu sein, den ich eigentlich hätte freihalten müssen.

Natürlich ist es schön, wenn sich liebe Menschen aufmachen, um das neue Baby und die jungen Eltern zu besuchen, wenn sie ihre Liebe mit Geschenken und Windeltorten ausdrücken wollen, wenn sie zeigen wollen, dass wir zu ihnen gehören. Und ich verstehe das, aber muss das in den ersten Tagen nach der Geburt sein? In unserer Familie legen wir die Regeln fest, und jede Familie hat gerade in dieser Zeit das Recht zu bestimmen, was passiert. Mehr noch, ich glaube, es ist sogar sehr wichtig, genau zu diesem Zeitpunkt die bisherigen Rituale zu prüfen und neu zu bewerten, um aus dem Paar, das man war, zu einer Familie zu werden. Und nur, weil man das seit Jahrhunderten so gemacht hat, dass am Tag 1 nach der Geburt gleich die ganze Mischpoke auf der Matte steht, müssen wir das nicht immer noch so machen. Es ist kein Ausdruck von Egoismus, wenn man Zeit für sich in Anspruch nimmt, es ist ein Akt der Selbstliebe. Das Wochenbett ist eine magische Phase, in der man seinem Bauchgefühl folgen und sich wirklich nicht von anderen Leuten sagen lassen sollte, «wie man es so macht». Die Natur ist hier unser Vorbild, denn alle Lebewesen auf diesem Planeten nehmen sich genau die Zeit und Ruhe, die sie brauchen, um ihren Nachwuchs auf die Welt vorzubereiten. Bei Tieren, deren Kinder schon weitestgehend fertig geboren werden, dauert diese Phase kürzer, zum Beispiel bei Giraffen, die auf die Erde plumpsen und drei Minuten später auf eigenen Beinen stehen müssen. Pandas, Hunde und Menschen bringen ihre Babys jedoch zu einem Zeitpunkt auf die Welt, da können die noch gar nix. Das sollte man als Eltern berücksichtigen. Auch wenn wir uns insgeheim auf den König-der-Löwen-Moment freuen, an dem wir der Welt das Kind präsentieren: Das kann warten, bis das Kind und die Familie bereit dafür sind.

Für uns kam noch dazu, dass Emil-Ocean mit einem Notkaiserschnitt auf die Welt kam. Als Eltern bereitet man sich ja erst mal nur auf eine natürliche Geburt vor, alles andere kommt einem gar nicht in den Sinn. Man hört davon, aber für sich selbst schließt man das aus. Stattdessen sitzt man stundenlang am Tisch und debattiert darüber, ob man eine PDA in Anspruch nehmen würde oder nicht. Am Ende wurde unser Sohn durch eine Operation ins Leben geholt.

Selbst entspannte, natürliche Geburten können ein Trauma für die Kleinen sein. Umso wichtiger ist es, in den ersten Wochen auf der Welt alles so ruhig und angenehm wie möglich zu gestalten. Meistens fällt das ohne Besucher leichter. Als Neueltern ist man außerdem so sehr mit der Versorgung des Kindes beschäftigt, dass man sich selbst mehr oder weniger vergisst. Schlafen ist sowieso problematisch, essen und trinken fallen auch gern hinten runter. Als Vater tut man seiner Partnerin also den größten Gefallen, wenn man sie im Wochenbett vor jeder Störung von außen schützt und ihr regelmäßig Nahrung und ein Glas Wasser vor die Nase stellt.

Dies war meine erste Lehre. Meine zweite Lehre folgte gleich auf den Fuß: Nutze die Elternzeit, um ein Elternteil zu sein.

Ich will ehrlich sein. Am Anfang dachte ich: Geil, Elternzeit. Vom Feinsten! Da machen wir was Schönes draus.

Mittlerweile glaube ich nicht mehr, dass Gesetz- und Arbeitgeber die Elternzeit als Urlaub angedacht haben, den sich gestresste Großstadt-Papis mal zwei Monate vom Leben nehmen, um eine ausgedehnte Fernreise mit Kind und Kegel zu unternehmen. Die Elternzeit hat ja einen höheren Sinn: Frauen sollen schneller in ihren alten Beruf einsteigen. Männer sollen ihre Aufgabe als Vater ernst nehmen. Kinder sollen erfahren, dass Familie nicht nur aus Mutti beziehungsweise Wochenend-Papa besteht.

Mein Eindruck ist jedoch, dass die Elternzeit mittlerweile für alles Mögliche genutzt wird, nur eben nicht für das ursprünglich einmal Angedachte. Ich höre von tollen Campingreisen durch die Provence und von Vätern, die endlich Zeit finden, ihre Dissertation zu Ende zu schreiben oder das Haus fertig zu bauen. Tatsächlich ist mir aus unserem Bekanntenkreis kein einziges Paar bekannt, in dem sich der Mann mehr Elternzeit genommen hat als die Frau, damit sie wieder in den Beruf einsteigen kann. Ich bin kein Soziologe oder Politikwissenschaftler, aber ich weiß nicht, ob das der Sinn und Zweck der ganzen Chose ist.

Aber auch ich habe einen Moment länger gebraucht, um zu verstehen, warum wir in Deutschland überhaupt eine Elternzeit haben. Und wirklich begriffen habe ich es erst, als Janni mich in meinem Teil der Elternzeit mit den Kindern allein ließ. Vorher war ich abends manchmal nach Hause gekommen und hatte mich gefragt: Junge, wie sieht es denn hier aus? Kann doch nicht so schwer sein, den Haushalt im Griff zu haben. Was fällt da an einem Tag schon an?

Diese Einschätzung war zu eintausend Prozent falsch. Im Nachhinein komme ich mir vor wie so ein Typ aus den Fünfzigern, der am Ende des Tages zu seiner gestressten Frau kommt und «Das bisschen Haushalt» trällert, sich die Pantoffeln hinstellen und die Füße massieren lässt.

Dann begann meine Elternzeit. Mehrere Monate, in denen ich die Kinder allein betreute. Am Ende war ich kurz davor, Janni auf Knien dafür zu danken, dass sie es in der Vergangenheit überhaupt geschafft hatte, abends eine warme Mahlzeit auf den Tisch zu bringen (was mir nicht immer gelang). Die Elternzeit heilte mich von meinen Vorstellungen von anno dazumal, zudem halte ich seitdem alle Menschen, die mit kleinen Kindern zu Hause bleiben und denen es trotzdem gelingt, ein einigermaßen ansehnliches Heim zu schaffen, für Heilige.

Auf das Elternsein kann man sich nicht vorbereiten, es bricht wie ein Tsunami über dich herein und bringt dich an den Rand deiner Kräfte. Deswegen sind auch all die Erziehungs- und Elternratgeber für die Tonne. Mal im Ernst, welche Mütter und Väter haben in den ersten fünf Lebensjahren ihrer Kinder überhaupt Zeit, ein Buch zu lesen?! Das Einzige, das mich wirklich hätte vorbereiten können, wäre eine Ausbildung zum Tierpfleger gewesen. Das ist überhaupt nicht böse gemeint, ich liebe meine Kinder aus tiefstem Herzen, und ich liebe das Leben mit ihnen, aber heiliger Strohsack! Als Dschungelkönig bin ich einiges gewohnt (Schlafentzug, Mangelernährung und mit einer Horde Irrer eingesperrt sein) – doch nichts in meinem Leben vor den Kindern hat mich auf diese Erfahrung zu Hause vorbereiten können. Die kleinen Wesen sind mit dem Chaos *verwachsen*. Das erlebt man aber nur, wenn man ganze Tage mit ihnen verbringt und ihnen nach dem Feierabend nicht nur eine nette Geschichte vorliest und einmal die Windeln wechselt. Erst dann begreifst du auch, was deine Frau da im wahrsten Sinne des Wortes jeden Tag abreißt – und du schämst dich fürchterlich für deine früheren Gedanken, wenn du am Abend die Bude als Kriegsschauplatz vorgefunden hast und dachtest: Geht das nicht besser? Ich glaube, dass ich erst nach dem halben Jahr Elternzeit Gleichberechtigung wirklich verstanden habe.

Als ich bei meinem Arbeitgeber übrigens um die sechs Monate Auszeit bat, wurde ich angeguckt, als hätte ich vorgeschlagen, unsere Radiosendung zukünftig nur noch auf dem Mars zu senden. Der Blick meines Vorgesetzten in Worten signalisierte mir in etwa das: «Oh. Wow. Das hat sich ja noch keiner getraut.» Es brauchte einige Gespräche, bevor er der Sache seinen Segen gab. Seitdem hat die Vater-Elternzeit in diesem Unternehmen Schule gemacht, was mein ehemaliger Chef nicht nur gut findet, aber hey: Willkommen im Jahr 2022.

Es ist großartig, wenn man sich als Mann gegen die Vorstellungen des eigenen Unternehmens oder die Glaubenssätze der

Gesellschaft durchsetzt. Diese Stärke wird man als Vater nämlich brauchen, spätestens wenn die Frau ins letzte Trimester der Schwangerschaft kommt. Bislang war es immer so, dass Janni am Ende hormonell so durchgeschüttelt wurde, dass sie mir durchlässiger und verletzlicher als sonst vorkam. Der Körper, aber auch die Seele bereiteten sich auf die Geburt des Kindes vor. In dieser Zeit ist es als Mann besonders wichtig, da zu sein und sie zu stärken. Vaterstolz ist eine große Kraftquelle – das interpretieren viele Männer jedoch komplett falsch. Zum Beispiel beim Vatertag, wenn sich die Typen mit dem Bollerwagen im Schlepptau die Lichter ausschießen. Das hat mit innerer Stärke und Männlichkeit so viel zu tun wie ein Schwein mit dem Ballett. Viel wichtiger ist es, all die überwältigenden, positiven Gefühle, die das Vatersein mit sich bringt, in sich zu bewahren für die Momente, wenn sie wirklich gebraucht werden. Meiner Meinung nach ist es Aufgabe des modernen Mannes und Vaters, die innere Stärke und Kraft zu bündeln und dann rauszulassen, wenn die Frau oder die Kinder sie brauchen. Beim Ausräumen der Spülmaschine. Beim Pflastern eines aufgeschürften Knies. Bei der Suche nach einer Kita oder Tagesmutter. Wo auch immer. Wir Männer haben so viel Kraft, aber wir wissen nicht mehr viel mit ihr anzufangen, außer sie nach außen zu tragen und mit unserer Männlichkeit zu prahlen.

Es ist keine große Leistung, mit einem einzigen Schuss ein Kind gezeugt zu haben – die Frau leistet bei der Entstehung des neuen Lebens 99,9 Prozent, wenn nicht sogar mehr. Ich glaube also nicht, dass sich Väter von anderen Kerlen bei einer Kneipenrunde auf die Schulter klopfen lassen sollten, weil sie eine unglaubliche Performance abgelegt haben, während die Frau sich gerade von einer zehnmonatigen Schwangerschaft und einer mehrstündigen Geburt erholt.

Trösten, aufmuntern, umarmen, lieben, halten, versorgen,

verstehen und ermutigen – das sind unsere wahren Fähigkeiten. Darin bestehen die Aufgaben moderner Männer, und aus genau diesem Grund sollten wir uns in exakt diesen Fähigkeiten bis zur Verblödung weiterbilden. Interessanterweise habe ich auf dem Stapel in der Bahnhofsbuchhandlung jedoch kein einziges Buch in diese Richtung gesehen.

Ein Schrei zerreißt die Stille, und ich schrecke zusammen. Ich beuge mich zur Seite und schaue den Gang entlang nach vorn. Die beiden Kinder aus dem Viererabteil liegen aufeinander auf dem Boden und rangeln. Der Junge beißt seiner Schwester ins Ohr, die wehrt sich mit heftigen Tritten und Schlägen.

«Lena! Dominik! Hört auf!», ruft die Mutter entsetzt und versucht, die beiden streitenden Kinder voneinander zu trennen.

«Er hat mir den roten Stift weggenommen! Ich hab es genau gesehen!», heult Lena.

Dominik schreit: «Das stimmt nicht, sie lügt!»

Alle Mitfahrenden beobachten die Szene. Die Mutter sieht verzweifelt aus, der Erziehungsratgeber ist unbemerkt auf den Boden gerutscht, und in diesem Moment setzt das Baby zu einem infernalischen Gebrüll an.

Was Mütter jetzt instinktiv oft machen, braucht für Männer etwas Übung: die Situation ruhig begleiten, ohne sich von der Hektik des Moments anstecken zu lassen, sondern einfach beiden Streithähnen das Gefühl zu geben, bedingungslos geliebt zu werden, ohne die Situation zu bewerten. Sein eigenes Ego und seinen Drang nach Wahrheitsfindung einfach hintanstellen und die männliche Urkraft in Liebe bündeln ist das Beste, das man für seine Kinder tun kann. Und mehr als das braucht es auch in den ersten Wochen nach der Entbindung nicht. Alles andere kann warten.

Grenzen setzen

Glück heißt, seine Grenzen kennen und sie lieben.

ROMAIN ROLLAND

Um in der Elternrolle nicht auf der Strecke zu bleiben – aber auch in vielen anderen Bereichen des Lebens –, ist es wichtig, klare Grenzen zu setzen. Diese Grenzen schützen dich vor Überlastung und beugen Missverständnissen vor. Grenzen gegenüber Eltern, Partnern oder Vorgesetzten zu setzen, ist nicht immer einfach, aber meist reine Übungssache. Voraussetzung hierfür sind deine eigenen Werte, Überzeugungen und Einstellungen. Diese darfst du erkennen und definieren, um dann für sie einzustehen.

Der Grund für das mangelnde Vermögen, seine Grenzen klar abzustecken, ist meist ein schlechtes Selbstwertgefühl. Ich möchte dich dazu ermuntern, deine Selbstliebe zu stärken. Sei der wichtigste Mensch in deinem Leben! Mit Egoismus hat das nichts zu tun. Selbstliebe ist die Grundvoraussetzung für so ziemlich alles im Leben: eine glückliche Partnerschaft, eine bereichernde Beziehung zu den eigenen Kindern, Erfüllung im Beruf und so weiter. Selbstliebe zu praktizieren und Grenzen zu setzen, ist kein Egoismus. Wer zu selbstlos ist und sich für andere aufgibt, schadet sich selbst dabei.

ÜBUNG

Sei liebevoll und positiv zu dir selbst! Lächle dich jedes Mal selbst an, wenn du in den Spiegel schaust, und suche dir täglich eine Sache an dir aus, die du besonders magst. Sprich sie laut aus oder schreibe sie auf. Je mehr positive Dinge du über dich sagst und denkst, desto größer wird dein Selbstwertgefühl.

Das Gras auf der anderen Seite

Janni

«Nein, Yoko macht mein Sandschloss kaputt! Und die Schaufel will *ich* haben!» Verärgert will Emil-Ocean seiner Schwester die Schaufel wegnehmen.

Yoko fängt an zu brüllen, lässt aber nicht los. «Meins!», faucht sie klar und bestimmt, obwohl sie gerade erst angefangen hat zu sprechen.

Die Feministin in mir ist für einen kurzen Moment richtig stolz auf ihre Tochter, weil sie sich verteidigt und für das kämpft, was sie will. Doch sofort holt mich der Streit der Kinder aus den Gedanken zurück in die Gegenwart.

Meine Kinder ziehen an je einem Ende der Schaufel, und gerade als ich den Mund aufmachen und mit einem Vortrag über Teilen und Gerechtigkeit anfangen will, spritzt eine Ladung nasser Sand in mein linkes Auge. Verdammt! Ich blinzele, reibe mir das Auge, genau in dem Moment überschwemmt uns eine Welle von hinten. Yoko erschrickt sich und schreit noch lauter. Emil-Ocean ist enttäuscht, weil sein Sandschloss in Trümmern liegt. Das Chaos ist perfekt.

Als ich die heulende Yoko auf den Arm nehme, Emil-Ocean an der anderen Hand hinter mir herziehe und mit beiden einige Schritte den Strand hinauflaufe, kommt aus dem Nichts ein großer Hund auf uns zu gerannt. Er schnappt sich unseren heiß geliebten grün karierten Ball mit der Insel Sylt darauf und rennt davon.

Fassungslos schauen wir ihm hinterher. Ich lasse Yoko in den Sand gleiten, sage Emil-Ocean, dass er auf sie aufpassen soll, und laufe hinter dem Hund her. Doch ich komme nicht weit, denn schwanger, wie ich bin, kann ich nicht mehr schnell rennen. Sofort stellt sich ein leichtes Stechen in der rechten Seite ein und erinnert mich daran, es gut sein zu lassen. Es ist doch nur ein Ball. Außerdem sehe ich in der Ferne Peer, der vom Joggen zurückkehrt. Soll er sich doch darum kümmern.

Ich bin wütend, weil ich an meine körperlichen Grenzen komme. Und fühle mich erniedrigt, weil ich es nicht geschafft habe, den Lieblingsball unserer Kinder zu verteidigen.

Schwer atmend kehre ich zu Yoko und Emil-Ocean zurück, die sich immerhin ein wenig beruhigt haben. Ich lasse mich neben ihnen in den Sand fallen und versuche, mich einigermaßen elegant so hinzudrapieren, dass ich nicht wie ein Wal aussehe, sondern wie eine Meerjungfrau. Aber der Fünf-Monats-Bauch macht es unmöglich, mich im Bikini noch schön zu fühlen.

Ich greife mir in den Nacken, um wie gewohnt die Haare nach hinten zu schmeißen, und werde plötzlich noch unsicherer. Vielleicht hätte ich mir die Haare doch nicht abschneiden sollen, damit fühle ich mich noch runder. Ich will meine Sonnenbrille aufsetzen, aber die ist voller Sand und nun auch noch leicht verbogen. Auch schon egal.

In diesem Moment sehe ich einen Schatten in einiger Entfernung am Strand auftauchen. Ich blicke zur Seite, und da ist sie. Wie eine Fata Morgana in der Wüste. Sie hat einen makellosen Körper, eine unglaublich schlanke Taille und trägt den kleinsten Bikini, den man sich vorstellen kann. Ihre Mähne wallt im Wind, als sie, das Surfboard unter den Arm geklemmt, lässig den Strand hinunter in Richtung Meer läuft. Ihre schmalen Füße hinterlassen sanfte Spuren im Sand.

Sie bemerkt uns nicht, blickt hinaus aufs Meer, und ihr Gesicht sieht dabei unbekümmert und fröhlich aus. Sie wirkt ausgeschlafen, als ob sie gerade vom Yoga kommt und danach einen Liter Zitronen-Gurken-Wasser getrunken hat. Bestimmt hat sie sich eine leckere Açai-Bowl zum Frühstück gegönnt, die sie vorher fotografiert und auf Instagram hochgeladen hat, drapiert mit dünn geschnittenen Sternfrucht-Scheiben und gepufftem Amaranth. Nach dem Surfen macht sie sicher einen langen Mittagsschlaf, verabredet sich mit ihren Surfer-Freunden zu Tacos und Margaritas im Sonnenuntergang und tanzt später ausgelassen und in einem weißen, hübschen Kleidchen auf einer Strandparty, um den Tag ausklingen zu lassen.

«Hier ist der Ball! Ich hab ihn wieder.» Peer hält mir triumphierend den grünen Sylt-Ball unter die Nase.

«Ach, toll, danke, Schatz», murmele ich geistesabwesend.

Er stutzt. «Ist irgendwas? Du wirkst so nachdenklich.»

Ich schüttle hastig den Kopf. «Nene, nichts. Ich habe nur überlegt, was wir heute Mittag essen sollen, der Kühlschrank ist ziemlich leer.»

Auf dem Nachhauseweg vom Strand, während dem ich noch immer dieses nervige Stechen in der Seite habe, was nicht mehr bedeutet, als dass mein Bauch gerade weiterwächst und sich in mir drinnen alles ausdehnt, denke ich noch einmal an die junge Frau. Früher bin ich selbst so grazil mit meinem Surfboard über den Strand getänzelt, oft mit meiner Freundin Sylvie. Wie ich hat sie sich mal für den Playboy fotografieren lassen. Wir reisten unbekümmert um die Welt, in unserem Koffer nicht mehr als ein Haufen Bikinis und ein Paar ironische Bunny-Ohren, die Surfbretter im Sperrgepäck. Wir nannten es die «Surf-Bunny-Tour». Wir surften den ganzen Tag, feierten ohne Ende, bekamen sogar Geld dafür, um Surfreisen zu begleiten und den Leuten auf ihren Surftrips Gesellschaft zu leisten. Wir waren ein gefragtes Gespann und konnten uns vor Partys, Telefonnummern und Açai-Bowls mit Sternfruchtscheibchen kaum retten. Ich kann mich noch so gut an das Gefühl erinnern, wie meine Augen immer leicht vom Meereswasser brannten, an stundenlange Siestas und wie ich mich in der Nachmittagssonne wieder in die Fluten stürzte. Ich schwamm mit Delfinen und sah die buntesten Sonnenuntergänge, die man sich vorstellen kann.

Bis zu dem Abend, der alles veränderte. Ich weiß es noch, als ob es gestern gewesen wäre. Ich saß ausgesurft und ausgefeiert mit einer leeren Bierflasche auf dem rutschigen Mahagoni-Boden des Bootes, auf dem wir in dieser Zeit wohnten. Es war auf den Malediven, und wieder einmal begleiteten Sylvie und ich einen Surftrip. Der typische Benzinduft lag in der Luft, und das Boot schaukelte leicht. Im Hintergrund hörte ich zum hundertsten Mal «La Isla Bonita» von Madonna. Niemandem war aufgefallen, dass die zerkratzte CD hängen geblieben war und der Refrain in Dauerschleife lief.

Mich störte es auch nicht. Es machte mich eher traurig. Gedankenversunken wollte ich an meinem Bier nippen, als mir auffiel, dass die Flasche leer war. Sofort wurde mir von links eine neue, von der Kälte leicht beschlagene Flasche Tiger Beer, das lokale asiatische Bier, gereicht. Irgendwie sah selbst der Tiger auf der Flasche in diesem Moment ausgebrannt und demotiviert aus. Ich lehnte mit einem müden Lächeln ab.

«Ist die Party vorbei?», fragte AJ, der Fotograf, der neben mir auf dem Boden saß, verwundert. Er betreute den Trip und war ein Einheimischer von den Malediven, der mit seiner Familie auf einer kleinen Insel lebte, wo es keine Autos gab. Man konnte ihm ansehen, dass auch er müde war und zu seiner Familie zurückwollte, doch es gehörte zum Job, zu feiern und gute Laune zu haben.

Schief lächelte ich ihn an. «Ich frage mich einfach, wo ist der Sinn?»

In diesem Moment rannte Sylvie klatschnass und mit nichts als einer zerzausten Federkrone auf dem Kopf an uns vorbei. Sie kreischte und rutschte auf dem glatten Boden aus, doch die fünf Typen, die ihr hinterherrannten, halfen ihr sofort mit heldenhafter Geste und voller Begeisterung hoch. Endlich hatten sie eine Ausrede, ihr näherzukommen.

Die Armen, dachte ich. Machten sich so große Hoffnungen. Dabei wusste ich, dass keiner von ihnen Sylvie gefiel, auch wenn sie es natürlich nicht zeigte.

Kichernd und alkoholisiert, wie sie waren, rannten die Jungs samt Sylvie die Treppen hinauf, um zum x-ten Mal vom Deck ins Meer zu springen.

«Ich habe das Gefühl, dass es für mich keinen Sinn gibt», sprach ich weiter, als es wieder ruhiger wurde. «Keine Aufgabe. Vielleicht ist mein Leben ja auch so, wie es ist. Es wird eines Tages einfach enden, und ich sterbe früh.»

Ja, sicherlich hatte ich etwas übertrieben. Doch irgendwie fühlte ich mich leerer, je mehr ich reiste, je mehr Abenteuer ich erlebte und je mehr Menschen ich kennenlernte. Ich hielt Motivationsreden, unter anderem für große Konzerne in Deutschland, wo schlipstragende, seriöse Männer mit wichtigen, seriösen Jobs meine Lebensweisheiten anhörten, die ich ihnen in Flip-Flops auf großen Bühnen vortrug. Dafür bekam ich Standing Ovations, zum Teil wegen dem, was ich sagte, zum Teil wegen dem, was ich trug – oder eher *nicht* trug. Trotzdem war es irgendwie cool.

Nur ich selbst fühlte mich immer häufiger so unglaublich einsam und leer, ohne wirklich zu wissen, was mir fehlte. Hatte ich nicht alles? Ich hatte sogar schon mit Lewis Hamilton zusammen einen Vortrag für einen großen Autokonzern gehalten, mit allen möglichen prominenten Leuten gefeiert, von denen ich in meiner Jugend auf der Staubinsel Fuerteventura noch nie gehört hatte, die aber scheinbar total «wichtig» waren. Oliver Pocher hatte ich auf seine billige Anmache eine Abfuhr erteilt, nachdem sein Management mir seine Telefonnummer zugesteckt hatte. Ich konnte alles haben, was ich wollte. Die Welt lag mir zu Füßen.

Aber war das wirklich die «Welt»? Also meine «Welt»?

Ich gab ihr viel, von meiner Lebensenergie, meiner Freude, meinem Wesen. Und doch hatte ich das Gefühl, dass die meisten eben lieber zu ihren Familien nach Hause gingen, wenn der Tag zu Ende war.

Wie viele Menschen mich damals begehrten, nach meinem Playboy-Titel, und wie ich mich dann doch ausgerechnet nur für die Menschen und Dinge interessierte, die mich nicht haben wollten. Liebe war in meinen Augen ein Spiel, und ich war manchmal die Katze und manchmal die Maus. Und immer wollte ich lieber das sein, was ich gerade nicht war. Ich fühlte mich begehrt, wenn mir ein Mann mit einer Frau an der Seite hinterherschaute, es war in diesem Moment immer wie ein kleiner Triumph. Und eine weitere Bestätigung, dass es so was wie Liebe einfach nicht gab und glückliche Beziehungen nicht existierten. Davon war ich damals zu einhundert Prozent überzeugt.

Gleichzeitig weckten gerade die Unerreichbaren in mir großes Interesse. Ich beneidete diejenigen, die so aussahen, als hätten sie ihren Weg gefunden, um ihre Sicherheit und die geerdete Ausstrahlung. Und so sehnte ich mich danach, etwas zu finden, was mir endlich Frieden geben würde, und spürte, dass der Wunsch nach einem wahren Sinn in mir wuchs.

«Na, dann wirst du eben früh sterben. Und eine Legende werden. Wie Bob Marley!» Der Fotograf lachte heiser. Er hatte eine halbe Ewigkeit gebraucht, um mir zu antworten. Vielleicht lag es an dem Joint, den er in der Hand hielt.

«Vielleicht. Gute Nacht, AJ.» Ich stand auf und ging schlafen. Aber ich bekam das Gefühl der Leere in dieser Nacht einfach nicht aus mir heraus. Ich lag in meinem Etagenbett in der kleinen Kammer auf dem Boot, hörte über mir die Party und wusste unter mir das unendliche, tiefe Meer. Es muss doch noch mehr geben als das, was ich kenne, dachte ich. Mir war klar, dass ich noch lange nicht gehen würde. Doch ich wusste auch nicht, was mich halten würde, um zu bleiben.

Bis er dann kam, der Ruf. Besser gesagt: die Mail, die alles veränderte. Ob ich Lust hätte, mit einigen Promis auf eine Südseeinsel zu kommen und dort eine Dating-Show zu drehen. Inklusive eines Flugs in der Business-Class. Exklusive sämtlicher Klamotten, denn die Teilnehmer sollten nackt sein.

«Bin dabei!», antwortete ich sofort. Ich sagte seinerzeit immer erst mal allem zu und machte mir oft erst später Gedanken. Doch diese Anfrage war anders. Anders als die absehbaren Dinge, die ich kannte, wie die meisten Reisen und Dates, die ich hinter mir hatte. Es war das Ungewisse, das mich neugierig machte. Ein magisches Gefühl, das unter die Haut ging und sich so tief anfühlte wie der Indische Ozean in besagter Nacht auf den Malediven. Ich fühlte mich diesem Gefühl und seiner Stärke gegenüber beinahe machtlos. Was war diese Anziehungskraft? Ich wollte es herausfinden. Tatsächlich war das Gefühl in mir so dermaßen stark, dass ich den Umstand, dass wir bei den Dreharbeiten keine Kleidung tragen würden, beinahe vergaß.

Sogar dass es eine Dating-Show war, trat in den Hintergrund. Ich hatte so viele Herzen gebrochen und war selbst so oft enttäuscht worden, was hatte ich schon zu verlieren? Keine Sekunde lang hegte ich die Hoffnung, den «Richtigen» zu treffen. Ich wusste nicht, was passieren würde, doch ich ließ mich von meinem Herzen leiten. Es war mir egal, was die anderen sagten, es war mir egal, ob die Sendung Klasse hatte oder Trash war. Mir war sogar egal, dass mich meine Sponsoren verließen, weil sie zu prüde waren, um den Weg mit mir zu gehen. Sexy war ihnen jahrelang gut genug gewesen (vor allem hinter den Kulissen), aber nackt war ihnen dann doch zu heikel.

Doch ich vertraute meiner inneren Stimme, dem Ruf meines Herzens – das war für mich alles, was zählte.

Es war dasselbe Gefühl, das mich drei Wochen später leitete, um dem beinahe fremden, geheimnisvollen Mann, den ich in der Südsee kennengelernt hatte, in die Großstadt Berlin zu folgen. So weit weg vom Meer? Egal. Ich konnte seine tiefblauen Augen nicht vergessen und die Tatsache, dass er mich an jedem einzelnen Morgen geweckt hatte, um mit ihm den Sonnenaufgang zu bewundern. Sonnenaufgänge hatte ich mein halbes Leben lang verpasst und eigentlich immer nur die Sonnenuntergänge gesehen ...

Ich hatte all meine Surfboards dabei, keine festen Schuhe und wusste dennoch: Ich gehöre zu ihm. Er hatte mir in der Südsee bei unserem Abschied einen Zettel zugesteckt, auf dem stand: «Jedem Anfang wohnt ein Zauber inne, der uns beschützt und der uns hilft zu leben.»

Und dies, wusste ich, war der Anfang von etwas ganz, ganz Großem.

Mein Blick fällt auf unsere beiden Kinder, meinen wachsenden Bauch und auf den Mann meiner Träume neben mir. Wir versprachen uns gleich am Anfang, dass wir alles dafür geben würden, stets die beste Version unserer selbst zu sein. Wir motivieren uns gegenseitig, tiefer zu tauchen, höher zu springen und weiter zu blicken. Uns von Dingen zu lösen, die uns nicht guttun, die uns bremsen. Das Leben in vollen Zügen und so pur wie möglich zu erfahren, ohne vor Herausforderungen zu flüchten, sondern sie gemeinsam zu meistern.

Immer wenn ich an unsere Geschichte denke, weiß ich wieder, dass ich genau dieses Leben wollte, mit all den Höhen und Tiefen und auch mit all den Streitereien um Schaufeln und verbogenen Sonnenbrillen. Mit Sonnenaufgängen statt Sonnenuntergängen und wundervollen kleinen Zauberwesen, die einem jeden Tag aufs Neue klarmachen, wie wunderschön das Leben ist und dass wir jeden Moment in vollen Zügen genießen können. Das Gras ist nicht mehr grüner auf der anderen Seite, weil es keine Seiten mehr gibt, nur noch unseren gemeinsamen Weg.

Mir wird wieder einmal bewusst: Auf gar keinen Fall will ich mit der jungen Frau vom Strand tauschen. Ich war diese Frau, sie lebt noch immer in mir. Und doch ist sie wie eine Figur, die in eine andere Zeit gehört. Das Leben ist ein wandelnder Prozess. Auch wenn es immer Momente geben wird, in denen ich mir kurz wünsche, dem Alltag mit den Kindern zu entfliehen, weiß ich doch eines: dass sich dieses Ich, das damals auf dem Mahagoni-Boot auf den Malediven saß, nichts sehnlicher wünschte als diese wundervolle Familie, die Peer und ich uns heute aufgebaut haben, mit dem ewig anhaltenden Zauber des Anfangs, der uns immer begleitet und der mittlerweile drei kleine Herzen schlagen lässt.

Dankbarkeit
Dankbarkeit ist das Gefühl, wenn sich das Herz erinnert.

LAURA MALINA SEILER

Dankbarkeit bedeutet die Ausrichtung deines Fokus auf das, was du hast, anstatt dich damit zu beschäftigen, was du nicht hast. Dankbarkeit hilft nachweislich bei Depressionen: Es wirkt durch die Ausschüttung des Liebeshormons Oxytocin wie ein Antidepressivum, welches uns glücklicher sein lässt. Eine dankbare Haltung unterstützt dich dabei, bei Problemen eine neue Perspektive einzunehmen und das Leben anzuerkennen – egal ob du einfach dankbar dafür bist, dass heute die Sonne scheint, oder dankbar für die Überwindung einer schweren Krankheit.

ÜBUNG

Führe ein Dankbarkeitstagebuch! Es schärft dein Bewusstsein für die schönen Dinge des Lebens. Schreibe jeden Tag auf, wofür du heute besonders dankbar gewesen bist. Das hilft dir, den Fokus auf die schönen Ereignisse und Erinnerungen des Alltags zu richten. Außerdem wirkt das Durchblättern dieses Büchleins an schlechten Tagen wie ein wahrer Stimmungs-Booster und unterstützt dich dabei, dich wieder besser zu fühlen.

Mögliche Fragen, die du jeden Abend in deinem Dankbarkeitstagebuch beantwortest:

· Für welche Ereignisse in deinem Leben bist du besonders dankbar?
· Für welche Dinge in deinem Leben bist du besonders dankbar?

- Für welche Personen in deinem Leben bist du besonders dankbar?

Ich mag dich mehr als ursprünglich geplant

«Ich hasse diesen Typen!», fluche ich leise und presse die Lippen fest aufeinander.

Meine Schultern sind hochgezogen bis zu den Ohren, wie ein satter Reiher, der am Ufer steht und nicht das geringste Interesse daran hat, einen Fisch zu fangen. Die Steine der staubigen Straße bohren sich in meine nackten Fußsohlen. Der Babybauch fühlt sich steinhart an, und Yoko, die sich an mir festklammert, wird immer schwerer. Kein Wunder, dass sie gerade nicht zu ihrem Papa will. Würde ich auch nicht wollen, denke ich zickig, und meine Stirn zieht sich zusammen wie Gewitterwolken. Hätten wir nicht die Kinder, wäre ich über alle Berge.

Der kurze Gedanke von Freiheit sorgt dafür, dass ich mich innerlich aufrichte. Ich stelle mir eine Königin vor, die sich die Krone zurechtrückt, bevor sie weiter voranschreitet. Und ich denke daran, wie verdammt stark ich bin, weil ich auf der anderen Seite der Welt mit einem Kleinkind an der Hand, einem anderen auf dem Arm und einem ungeborenen Baby im Bauch ohne Schuhe die Straße entlanglaufe. Das vierte Kind steckt gerade mitten in der Pubertät und ist in Wahrheit gar kein Kind, sondern ein schlecht gelaunter, miesepetriger Peer.

Ein zartes Stimmchen erklingt in meinem linken Ohr. «Ich

weiß, du bist gerade nicht gut auf ihn zu sprechen. Aber er hat so viele gute Seiten. Denk mal dran, wie sehr er versucht, dich dem Meer näherzubringen, obwohl er ein Stadtkind ist. Schau ihn dir doch mal an, der Berliner in dem kleinen Surferdorf. Er ist nur deinetwegen hier.»

Ich schiebe die leise Stimme wütend beiseite, will sie weder sehen noch hören. Aber sie ist hartnäckig und räuspert sich erneut.

«Dass ihr deine Schuhe im Restaurant am Strand vergessen habt, ist doch nicht nur seine Schuld. Und aus bösem Willen ist es schon dreimal nicht passiert. Du warst auf Toilette ...»

Sogar ziemlich lange, gebe ich in Gedanken zu.

«... es war einfach ein Missverständnis. Peer dachte, du hast sie schon an. Dann noch die Kinder, die Strandspielsachen, deine Tasche. Er hat an das meiste gedacht.»

Na gut, denke ich etwas versöhnlicher, bei der Sache mit den Schuhen muss ich der kleinen Stimme recht geben. Da hätte ich in der Tat selbst drauf aufpassen können. Aber ich bin schwanger – da darf ich ja wohl auch mal etwas gereizt sein? Warum kann ich nicht einfach mal aufgefangen werden mit meinen Launen?

Sofort kommen die Gewitterwolken zurück. Ich hätte diese Reise nie antreten sollen, denke ich, wieder in meinem Groll.

Obwohl ... Bis jetzt hatten wir so viele unglaublich schöne, glückliche und unbeschwerte Momente, dass es sich selbst dafür schon gelohnt hätte. Außerdem: Was wäre denn die Alternative? Die Zwei-Zimmer-Wohnung in Potsdam im x-ten Lockdown? Wo nun auch noch ein Baugerüst vor der Tür steht und die Bauarbeiter den gesamten Tag durchs Fenster schauen können? Definitiv nicht. Es war die richtige Entscheidung, nach Costa Rica zu kommen. Und es war mein freier Entschluss, weil ich hier sein wollte. Der Gedanke entspannt mich ein wenig.

«Und was bitte ist mit dem hysterischen Typen und seinem megahohen Stresslevel, der dir gerade das Leben so schwer macht?», meckert plötzlich eine andere Stimme von rechts los. Sie klingt boshaft und irgendwie schadenfroh. Sofort steigt die Wut wieder in mir auf. Ich erinnere mich daran, wie laut Peer eben geworden ist und dass er mir vorgeworfen hat, dass immer alles nach meiner Pfeife tanzen müsse. Von wegen! Es war doch seine beknackte Idee, von der Strandbar zum Supermarkt zu laufen, statt ein Taxi zu nehmen. Überhaupt, dass wir noch in den Supermarkt müssen, weil der Kühlschrank wieder mal leer ist. «Anstatt heute Morgen zu joggen, hätte der feine Herr ja vielleicht mal einkaufen gehen können», mosert die gemeine Stimme in meinem rechten Ohr weiter. «Ein verantwortungsvoller Mann hätte das für seine Frau getan.»

Ich halte kurz inne. Dann antworte ich der fiesen Stimme: «Du hast recht. Aber weißt du, Peer hat eine schlimme Krankheit besiegt. Er ist Alkoholiker. Bis heute fällt es ihm manchmal schwer, den hohen Stresspegel wieder runterzufahren. Deswegen geht er morgens joggen. Und ich finde, er übernimmt sehr viel Verantwortung für die Kinder und mich.»

Auch wenn ich mich vor wenigen Minuten noch ungerecht behandelt fühlte, weiß ich, wer Peer ist, woher er kommt, wohin er will. Und ich weiß, wer ich bin, woher ich komme und wohin ich will. Gerade wollen wir beide zum Supermarkt.

Am Anfang unserer Beziehung haderte ich oft mit seinem Stressmanagement. Er hat Schwierigkeiten, mit dem Druck umzugehen. Manchmal vergreift er sich dann im Ton, wird unfair. Aber über die Zeit habe ich gelernt, eine innere Haltung dazu einzunehmen.

Mein früheres Ich wäre vermutlich schon ein paar Mal einfach abgehauen, hätte einen dramatischen Brief geschrieben, sich das kürzeste Kleid und die Schuhe mit den höchsten Absätzen ange-

zogen, mit übertriebener Geste einen Tequila geext und anschließend einen filmreifen Abgang hingelegt. Wie in dem Werbespot
der Schuhmarke, den ich einmal gemacht habe, in dem ich auf
knallroten High Heels und mit nicht mehr als einem Bikini be-
kleidet über einen Holzweg zum Strand laufe, mir ein Surfbrett
schnappe und damit über die Wellen surfe, verfolgt von den stau-
nenden Blicken einiger schlechter Statisten.

Nun aber dackele ich Peer irgendwo im Nirgendwo von Süd-
amerika hinterher, obwohl er mich eben noch unfair behandelt
hat. Wenn ich könnte, würde ich wenigstens vor ihm her mar-
schieren – aber das geht in meinem Zustand nicht. Außerdem
will ich nicht kindisch sein. Und egal, wie die Stimmung gerade
ist: Wir wollen beide in dieselbe Richtung. Auf dieser schmalen,
ungeteerten Staubstraße wie auch im Leben.

Ich kann das große Ganze sehen und weiß, dass Peer es gerade
nicht böse meinte. Manchmal kann er einfach nicht anders. «Vom
Alki zum Daddy», das muss ich mir manchmal vergegenwärtigen.
Er hat sein altes Leben komplett hinter sich gelassen. Peer war
gefeierter Dschungelkönig, gefragter Schauspieler, erfolgreicher
Gastronom. Er hat mit der Schließung seiner angesagten Bar,
in der die Groupies reihenweise auf ihn warteten, viele Herzen
gebrochen. Er hat sein modernes Loft mit einem begehbaren
Kleiderschrank voller Hugo-Boss-Anzüge aufgegeben, um mit
mir aus Koffern zu leben. Selbst sein geliebtes Parfüm «Égoïste»
darf er nicht mehr verwenden, weil ich es in der Schwangerschaft
nicht riechen kann. Er hat die wilden Partynächte gegen volle
Windeln und Kartoffelbrei eingetauscht.

Aber das Wichtigste ist, er arbeitet an sich, jeden verdammten
Tag. Er will ein besserer Mann sein, ein besserer Vater, ein besserer Partner. Er übernimmt Verantwortung für seine Familie.

Und er hat meine Schuhe in der Strandbar vergessen.

«Es tut mir leid», sagt er später, als wir die Einkäufe in den Kühlschrank einräumen. Der Anblick des Essens hat uns beide entspannt. «Excuse me for what I said when I was hungry», steht auf der Postkarte, die mit einem Magneten an der Kühlschranktür befestigt ist.

Ein Leben auf Reisen ist nicht immer einfach, vor allem, wenn man so reist wie wir, ohne Clubbändchen am Handgelenk und riesigem Büfett am Abend, ohne Stress, irgendwelche Dresscodes einzuhalten, aber auch ohne den Druck, morgens als Erster das Handtuch auf die beste Liege zu legen. Wir reisen auf eigene Faust, ohne Robby, die Robbe, und den Kinderclub. Wir wissen bei unserer Ankunft nicht, wie weit der nächste Supermarkt entfernt ist, und müssen uns immer erst an diesem komplett neuen Ort einfinden.

«Es war einfach etwas zu viel heute.» Peer öffnet die Arme, will mich in eine Umarmung ziehen.

Was mache ich nun? Die beiden Stimmen, die mich den Tag über begleitet haben, sind urplötzlich beide wieder da.

«Auf keinen Fall weich werden!», faucht die boshafte, missgünstige. «Der soll ruhig ein bisschen leiden und daraus lernen. Sprich nicht mit ihm, bis morgen früh.»

In diesem Moment legt sich eine weiche Hand auf meine Schulter, und die verständnisvolle, warme Stimme sagt: «Hey, er hat sich entschuldigt. Sei nicht so hart. Du bist im Moment auch nicht immer einfach. Der Tag ist gelaufen. Morgen wird es bestimmt wieder richtig schön. Ihr habt einen gefüllten Kühlschrank und einen weiteren Tag voller Hürden erfolgreich gemeistert, weit weg von zu Hause. Ihr hattet eine Meinungsverschiedenheit, aber es ist normal, dass man seine Stimmung auch mal rauslassen muss. Derjenige, der einem am nächsten steht, bekommt es halt am meisten ab. Lass es nun hinter dir und freue dich auf einen neuen Tag morgen. Das Leben ist ein Geschenk, nimm es an.»

Und so nehme ich das Geschenk, Peers Umarmung, an und entspanne mich.

Ich entspanne mich. Darin liegt der Schlüssel, denn mir geht es mit dieser Entscheidung besser. Ich erkenne an, dass wir beide Menschen sind, und ich vergebe ihm und mir, dass ich ihn eben noch an die Wand klatschen wollte. Ich möchte mich gut fühlen, egal was gerade war. Mir ist bewusst, dass es mich belasten würde, die Wut und den Groll bis morgen früh mit mir herumzutragen.

Sinnlos wäre es zudem gewesen. Peer hätte vermutlich richtig gut geschlafen, er kann das nämlich, einfach die Augen zuma- chen und abschalten, egal was am Tag passiert ist. Ich bin eher die nächtliche Grüblerin und hätte alles dafür getan, so weit weg wie möglich von ihm auf der Matratze zu liegen, quasi auf der Kante. Im schlimmsten Fall wäre ich aus dem Bett gefallen und hätte mich noch mehr geärgert. Über mich natürlich, nach außen aber über ihn, statt einfach die Entspannung nach dem langen Tag zuzulassen, die ich verdient habe. Ich habe mich doch lieb und will glücklich sein.

Also entscheide ich mich für mich, für uns, für Frieden. Für das Loslassen von doofen Gefühlen und das Zulassen von schönen. Das ist an dieser Stelle nämlich nicht Peers Entscheidung, son- dern meine. Und ich übernehme nun Verantwortung dafür, wie mein Leben weitergehen soll. Egal was passiert ist, ob wir Kinder haben oder nicht, ob wir in Potsdam sind oder irgendwo in den Tropen. Will ich nachtragend oder frei sein? Einen schweren Rucksack haben oder leichte Schultern?

Ich konnte früher nicht viel mit der Aussage anfangen, dass gute Beziehungen Arbeit bedeuten. Das klang für mich immer nach einem hohen Stapel karierter Papiere, vielen Ordnern und einem Locher und einem Tacker daneben. Vielleicht war das auch die Latina in mir, zu der ich in meiner Jugend in Spanien geworden war. Mir soll erst mal jemand das Wasser reichen!, habe ich oft gedacht.

Auch bei Menschen in meinem Umfeld kann ich das beobachten. Die meisten haben klare Vorstellungen davon, was sie von einem Partner «ja wohl erwarten dürfen»: ein tolles Aussehen, einen gut bezahlten Job, einen ausgeprägten Kinderwunsch, Blumen zum Valentinstag und jeden Tag frisch rasierte Beine. Deswegen ist es ja auch so schwer, jemanden zu finden, der gut genug ist.

Ich kenne viele Menschen, die extrem hohe Ansprüche haben und ewig und drei Tage auf der Suche nach dem perfekten Partner sind, bei dem alles stimmt – sonst ist er nicht der Richtige. Eine meiner besten Freundinnen verguckte sich beispielsweise in einen Mann, den sie wirklich mochte. So vieles passte, sie konnten herzhaft über die kleinsten, unlustigsten Dinge lachen, doch als sie herausfand, dass er rauchte, war die eben noch rosarote Blase sofort geplatzt, und die Geschichte fand ein Ende.

Peer rauchte, als wir uns kennenlernten, verdammt viel sogar. Ich ließ ihn sein, wie er war, und blieb weiter, wer ich bin. Ich mochte rauchen, gerade als Profisportlerin, zwar überhaupt nicht, aber mit seinem Zylinder und den Hosenträgern gehörte es zu dem Zeitpunkt zu ihm dazu.

Irgendwann sagte ich an einem ausgelassenen Abend in einem Hotelzimmer zu ihm: «Hey, gib mir auch mal eine!»

Ich weiß noch genau, wie ich auf der Fensterbank vor dem roten Samtsofa saß und ohne mir viel dabei zu denken eine Zigarette ausprobieren wollte. Einfach nur, um sie zu halten und lasziv den Rauch in die Luft zu pusten, wie in den Filmen eben. Er gab mir eine, leicht verunsichert, und als ich sie anzünden wollte, stand das Ding plötzlich in Flammen. Ich frage mich heute noch, wie ich das geschafft habe. Nachdem Peer die brennende Zigarette blitzschnell gelöscht hatte, mussten wir Tränen lachen. Das war ja schön schiefgegangen. Doch die Situation machte auch etwas mit Peer, er wirkte nachdenklich. Sein Wunsch, weiter von Zigaretten abhängig zu sein, löste sich binnen weniger Momente in Rauch auf. Es dauerte nicht lange, und er kam wirklich ohne die Glimmstängel klar. Weil *er* es wollte. Nicht, weil ich ihn dazu drängte.

Liebe bedeutet nicht, jemanden zu finden, der mir das Wasser reichen kann. Liebe bedeutet, jemanden zu finden, mit dem ich gemeinsam, Seite an Seite, in einem riesigen Ozean voller Möglichkeiten schwimmen und mich immer wieder in unterschiedliche Gewässer begeben, das Leben mit all seinen Facetten entdecken, Wandlung zulassen, stärkerer Schwimmer werden kann. Mit Peer kann ich in jedem Meer schwimmen. Durch Pfützen springen. Im Regen tanzen. In die Dunkelheit tauchen. An der Oberfläche treiben.

«Ich liebe dich», flüstere ich an seiner Schulter, während er mir über den Rücken streicht.

Das Leben ist vielleicht nicht immer einfach. Aber jede Herausforderung wert.

Vergebung

Die meisten von uns denken an einen biblischen Kontext, wenn sie das Wort «Vergebung» hören. Tatsächlich ist Vergebung eine wichtige Strategie in der Psychologie, um das Verhalten anderer, aber auch das eigene Verhalten zu akzeptieren und zu bewältigen. Denn wer sich an einer Verletzung festhält, kann sich nicht weiterentwickeln. Er legt seinen Fokus auf das, was nicht richtig gelaufen ist, und übergibt dem Schmerz die Kontrolle über das eigene Leben – und macht sich selbst zum Opfer. Um zurück in die Rolle des Gestalters zu kommen, ist es deshalb so wichtig, sich selbst und anderen zu vergeben.

ÜBUNG

Von der schönen Insel Hawaii stammt ein wunderbares und sehr einfaches Vergebungsritual, das wir dir ans Herz legen möchten: Ho'oponopono. Es bedeutet so viel wie «etwas richtigstellen» oder «zurechtrücken» und hilft dir dabei, dir selbst oder anderen zu vergeben. Gleichzeitig dient es als kraftvolles Werkzeug, wenn du selbst jemanden (oder dich selbst) um Vergebung bitten möchtest. Ein Ho'oponopono-Ritual besteht aus vier Teilen:

· dem Akzeptieren des Problems und der eigenen Gefühle
· dem Anerkennen der eigenen Verantwortung
· der Liebe und
· der Dankbarkeit.

Such dir eine Situation aus der jüngsten Vergangenheit aus, in der du verletzt wurdest oder dich nicht wertgeschätzt gefühlt hast – oder in der du dich nicht so verhalten hast, wie du es dir von dir selbst wünschst. Nimm dir ein paar Minuten Zeit, schließe die Augen und versetze dich mental in die Situation zurück. Sage dir nun bewusst:

· Es tut mir leid.
· Bitte verzeih mir, und ich verzeihe dir.
· Ich liebe dich, und ich liebe mich.
· Ich danke dir, und ich danke mir.

Nachwort

«Hast du den Zettel?»

«In meiner Hosentasche. Wir müssen nachher dran denken, die Nummer ins Handy zu übertragen.»

Die Nummer, um die es ging, war von Cécilia, einer kleinen, sehr alten und sehr herzlichen Dame, die ein uraltes Haus auf einem Berg vor einer paradiesischen, einsamen Bucht von Korsika bewohnte – samt großem Kaminofen und einer Katze, die gemütlich davorlag. Im Herbst und im Winter vermietete sie es an Gäste. Leute wie uns.

«Eines Tages schreiben wir mal ein Buch», hatte Peer vor einigen Wochen gesagt. Der Gedanke ließ mich seitdem nicht mehr los. Ich sah uns schon da oben auf dem Berg sitzen, irgendwann im Herbst, eine dampfende Tasse Tee vor der Nase, an einer antiken Schreibmaschine. So, wie man sich das Leben eines Schriftstellers eben vorstellt. Emil-Ocean, der noch ganz klein war, würde in der Latzhose im Morgentau barfuß durch den Garten stromern, die Wäsche hinge über der Wäscheleine, und der Duft eines frischgebackenen Brotes läge in der Luft. Ich käme ab und zu runter vom Berg, um ein paar Wellen in der Bucht zu surfen, und einmal in der Woche würden wir auf dem Wochenmarkt des kleinen französischen Dorfes unsere Einkäufe machen und Eier von glücklichen Hühnern in einem geflochtenen Korb mit nach Hause bringen. Was für eine wunderbare Idee!

Aber natürlich fanden wir nicht die Zeit, um unsere romantische Vorstellung Wirklichkeit werden zu lassen, und natürlich verloren wir den Zettel mit der Nummer von Cécilia. Wir waren zu beschäftigt damit, zu leben, Kinder zu bekommen, unterschiedlichste Jobs zu machen, Umzüge zu stemmen, Reisen zu unternehmen. Wir hatten einfach keine Zeit, um kurz auf Stopp zu drücken. Und wir vergaßen unsere Idee.

Doch die Idee vergaß uns nicht. Zwei Jahre später wurden wir angefragt. Ein Verlag wandte sich an uns und erkundigte sich nach unserem Interesse, ein Buch zu verfassen. Die Frage erwischte uns mitten im Leben. Wir steckten gerade in einer intensiven Transformationsphase. Zwei Kinder waren schon Teil unserer Familie, ein drittes würde in wenigen Monaten auf die Welt kommen, wir spielten mit dem Gedanken, auszuwandern, noch selbstständiger zu werden, sowohl beruflich wie privat. Wir hatten weniger Zeit als je zuvor – und noch viel weniger Schlaf, als wir es biologisch jemals für möglich gehalten hätten.

«Eigentlich ist es nicht der richtige Zeitpunkt», murmelte Peer, als er die E-Mail las.

«Und uneigentlich?», fragte ich.

Wir sahen uns in die Augen. Obwohl wir an manchen Tagen todmüde ins Bett fielen, verspürten wir Energie, Tatendrang und Inspiration. Wir hatten über die Jahre viel zusammen erlebt und Entscheidungen getroffen, die Mut erforderten. Obwohl wir nie gewusst hatten, was dabei herauskommen würde, da es den Weg, den wir einschlugen, vor uns nicht gegeben hatte und wir somit auch kein Vorbild für unser Lebensmodell gefunden hatten, fühlte es sich zu jeder Zeit zu einhundert Prozent richtig an. Denn wir folgten den Stimmen in unserem Inneren, hörten auf den Ruf unserer Herzen, so rein, so pur, so lebendig. Immer dann, wenn wir uns von ihm leiten ließen, verstanden wir kurze Zeit später, dass wir das Richtige getan hatten.

Nur wenige Menschen glaubten zu Beginn an unseren Weg, an uns. Viele dachten, wir würden konventionell und «normal» werden, sobald wir Kinder bekämen. Wenn nicht jetzt, dann spätestens nach unserer Reise nach Costa Rica. Oder mit der Kita. Oder mit der Einschulung.

Doch nichts dergleichen passierte. Wir blieben wir, authentisch und anders. Wir pfiffen weiter auf Konventionen. Machten unser Ding. Und stellten uns gemeinsam in den Sturm, wenn er uns ins Gesicht blies.

Als wir dieses Buch verfassten, saßen wir nicht in dem schönen Haus auf Korsika vor einer alten Schreibmaschine. Wir waren im winterlichen Potsdam und im tropischen Costa Rica, schrieben in Zügen und Flugzeugen, den aufgeklappten Laptop auf den Oberschenkeln, umgeben vom Chaos, das die Kinder Tag für Tag veranstalteten. Während wir schrieben, wurde ein weiterer Mensch in unsere Familie geboren und stellte unseren Alltag zum dritten Mal auf den Kopf.

Und doch hätte es kein anderer Zeitpunkt in unserem Leben sein können. Denn der beste Moment, mit etwas zu beginnen, ist genau *jetzt*.

Danksagung

Wir tun viele Dinge ganz anders als unsere Eltern und haben es ihnen damit nicht immer leicht gemacht. Aber eigentlich ist es ja genau das, was sie wollten: uns als freie und unabhängige Menschen ins Leben zu entlassen. Mit einem kugelsicheren Selbstbewusstsein, um unseren ganz eigenen Weg gehen zu können. Genau das haben sie geschafft, sonst hätten wir diesen unseren ganz eigenen Weg niemals finden und gehen können. Vielen Dank, liebe Roswitha, Ute, lieber Jürgen und Peter, dass ihr uns ermöglicht habt, dieses Leben zu führen. Wir lieben euch.

Wir danken außerdem unseren Kindern Yoko, Merlin und Emil-Ocean – eurer puren Intuition haben wir es zu verdanken, dass auch wir dem Ruf unseres Herzens vertrauten und ihm gefolgt sind. Ihr habt uns den Mut und die Kraft gegeben, unseren Leidenschaften Raum zu geben und uns zu erinnern, wer wir wirklich sind. Durch euch durften wir verstehen, dass neben Vergangenheit und Zukunft vor allem eines wichtig ist: hier und jetzt.

Bildnachweis

S. 4 und 5 unten © Daniell Bohnhof

S. 14 unten und 15 © Cindy u. Kay Fotografie

S. 5 oben © Gordon Muehle

S. 8 unten © Ralf Günther/BILD

S. 7 oben © RTLZWEI/Fernsehmacher

Alle weiteren Fotos © Archiv Janni und Peer Kusmagk

Ab heute happy

Der Onlinekurs

Liebe*r Leser*in,

wie schön, dass dir unser Buch gefallen hat!

Ich hoffe, wir konnten dir mit unseren Erfahrungen und Impulsen einen Anstoß geben, in Zukunft auch auf den Ruf deines Herzens zu hören und ihm zu folgen. Das ist einfacher gesagt als getan, denn aus eigener Erfahrung weiß ich, wie schwer es ist, seine Verhaltens- und Gedankenmuster zu ändern. Viele sind tief verankerte Gewohnheiten, die unterbewusst ablaufen und deshalb so schwer umzuprogrammieren sind.

Beim Kampf gegen meine Alkoholsucht habe ich sehr einfache und effektive Mechanismen erlernt, Gewohnheiten zu verändern und mit neuen Routinen dem Leben eine neue Richtung zu geben. Denn am Anfang jeder Sucht steht immer erst mal eine sehr starke Gewohnheit. Durch die Veränderung nur einer einzigen Gewohnheit habe ich es geschafft, mich in kürzester Zeit vom unglücklichen Alkoholiker zu einem sportlichen und glücklichen Familienvater zu entwickeln. Und auch du bist jetzt nur noch eine Gewohnheit von deinem Traumleben entfernt!

Wie einfach es ist, durch das Etablieren von neuen Gewohnheiten ein freies, glückliches und selbstbestimmtes Leben zu führen, erkläre ich dir in meinem 10-tägigen Onlinekurs «Ab heute happy». Dieses Programm habe ich in Zusammenarbeit mit Psychologen, Neurologen und vielen Mentoren entwickelt, um zu erklären, wie leicht es ist, ins Handeln zu kommen, um seinem Leben jederzeit eine neue Richtung zu geben.

Möchtest auch du wieder mehr Leichtigkeit in dein Leben ziehen, dich daran erinnern, wer du wirklich bist, und nach den Werten leben, welche dir wichtig sind?

Ist dir diese Erfahrung und Veränderung täglich 10 Minuten wert? Dann möchte ich dich herzlich zu diesem Onlinekurs einladen.

Ab heute happy
hilft dir, deine Träume anzupacken und umzusetzen.

In 10 Tagen findest du heraus, welche neuen Routinen für dich am effektivsten sind, um deine individuellen Ziele zu erreichen. Jeden Tag gibt es hierfür unterschiedliche Impulse für mehr Selbstbewusstsein, Dankbarkeit und Achtsamkeit. Jeden Tag lernst du neue Übungen kennen, probierst sie aus und bewertest dann ganz individuell, was für dich am besten funktioniert.

Ich begleite dich persönlich, Schritt für Schritt, auf diesem Weg, und du lernst, wie leicht es ist, neue Gewohnheiten in deinem Leben zu etablieren, die dich glücklich machen und so deinem Leben eine neue Richtung geben.

Das Beste: Als «Der Ruf deines Herzens»-Leser*in bekommst du exklusiv mit dem Code **RUFDEINESHERZENS** 30% Rabatt. Ich freue mich, dich dabei zu begleiten, dem Ruf deines Herzens zu folgen. Du bist nur eine Gewohnheit von deinem Traumleben entfernt.

https://ab-heute-happy.de/der-online-kurs